Ensayos sobre Derecho y Sociedad en la Era tecnológica
Essays on Law and Society in the Technology Era

Teresa Maria Geraldes Da Cunha Lopes
María Luisa Saénz Gallegos
(Coordinadoras)

UMSNH / Proyecto CIC/CIJUS/CAEC "Derecho, Estado y Sociedad Democrática" UMSNH / Universidade Presbiteriana Mackenzie (S. Paulo/ Brasil)./ Instituto Politécnico Beja (Portugal)
2020

Título : Ensayos sobre Derecho y Sociedad en la Era Tenológica / Essays on Law and Society in the Technology Era
Fecha de edición: 4 diciembre 2020
Editorial: Amazon Books /KDP
Copyright © Teresa Da Cunha Lopes y
 Maria Luisa Saénz Gallegos 2020
Todos Derechos Reservados
ISBN: 9781795871655

AUTORES

Teresa Maria Geraldes Da Cunha Lopes
Martha Ochoa de León
Maria Luisa Saénz Gallegos
José Luis Cira Huape
Ana Flávia Messa
Carlos Eduardo Nicoletti Camilo
Manuel David Masseno
José Luiz de Moura Faleiros Júnior

CONTENIDOS

Capítulo 1.-Directrizes Éticas da Inteligencia Artificial / Ethical Guidelines for Artificial Intelligence. Ana Flávia Messa /Carlos Eduardo Nicoletti Camilo	Pág. 1
Capítulo 2.-Inteligencia Artificial y Educación: Potencialidades, Retos y Oportunidades en la Formación de Capital Humano /Artificial Intelligence and Education: Potentialities, Challenges and Opportunities in the Formation of Human Capital María Luisa Sáenz Gallegos / José Luis Cira Huape	Pág. 23
Capítulo 3.-Sociedad de la Información y Fiscalidad. El Caso del Comercio Electrónico / Information Society and Taxation. The Case of Electronic Commerce Teresa Maria Geraldes Da Cunha Lopes / Martha Ochoa de León	Pág. 85
Capítulo 4.-A segurança na Proteção de dados: entre el RGPD europeu e a LGPD Brasileira / Security in Data Protection: Between the European GDPR and the Brasilian LGPD Manuel David Masseno/Guillerme Magalhães Martins/J.L.de M. f. Júnior	Pág. 121

The distinctive technological changes of societies and the knowledge economy not only affect the ways of producing mass consumption goods and the redefinition of business organizational models for competitiveness in the market; they also transform the behavior of individuals, their working relationships, the role of the State as regulator and the labor world as a whole . As would be expected, these developments raise questions. The consequences in the employment are worrisome, those of legal responsibility in case of error seem to have no unique answer. Not to mention the issues that arise in the protection of privacy against robots able to see everything, listen to everything, predict everything (or almost everything) and send the data collected on the servers to companies that do not always disclose what they will do with the metadata

AGRADECIMIENTOS

Un profundo agradecimiento a cada uno de los autores y a las autoridades de la Facultad de Derecho y Ciencias Sociales y de su Centro de Investigaciones Jurídicas y Sociales por el apoyo para publicar este libro colectivo

CAPITULO 1

DIRECTRIZES ÉTICAS DA INTELIGENCIA ARTIFICIAL

ETHICAL GUIDELINES FOR ARTIFICIAL INTELLIGENCE

Ana Flávia Messa
Carlos Eduardo Nicoletti Camilo[12]

3

Resumo: No presente artigo, interessa-nos destacar e enfatizar reflexões construtivas sobre a criação de uma inteligência artificial fundamentada em orientações éticas em torno dos quais germina a confiança humana sobre visibilidade nos planos, regras, processos e ações de mecanismos e dispositivos tecnológicos que possam simular o raciocínio humano. O objetivo é apresentar valores éticos partilhados pela sociedade com respaldo constitucional característicos de uma inteligência artificial confiável, que se articulem numa unidade estruturada para beneficiar toda a sociedade e economia

---

[1] Professora da Graduação e Pós-Graduação da Universidade Presbiteriana Mackenzie (S. Paulo/ Brasil). Investigadora integrada do E-TEC – Estado, Empresa e Tecnologia – e do JUSLAB – Laboratório de Justiça, grupos do JusGov – Centro de Investigação em Justiça e Governação, anaflavia.messa@mackenzie.br.

[2] Professor de Teoria Geral do Direito da Faculdade de Direito da Universidade Presbiteriana Mackenzie (S. Paulo/Brasil), onde é Coordenador Geral desde 2016. Pesquisador CNPq dos Projetos "Filosofia do Direito (neo) Kantiana" e "Novas Fronteiras da Ciência Jurídica – Desenvolvimento e Inovação: Biodireito e Biotecnologia",

Palavras-Chave: Inteligência Artificial; Visibilidade; Ética; Confiança; Tecnologia.

Abstract: In this article, we are interested in highlighting and emphasizing constructive reflections on the creation of artificial intelligence based on ethical guidelines around which human confidence about visibility in the plans, rules, processes and actions of technological mechanisms and devices that can simulate the human reasoning. The objective is to present ethical values shared by society with constitutional support and characteristics of a reliable artificial intelligence, which are articulated in a structured unit to benefit the whole society and economy

Keywords: Artificial Intelligence; Visibility; Ethics; Trust; Technology

I. Tecnologia, Sociedade e as Revoluções Científicas Contemporâneas

A tecnologia é parte integrante da vida do homem e da sociedade, funcio- nando como ferramenta para o desenvolvimento da civilização. Insere-se num processo histórico não linear, atua como canal de expressão da cultura das socie- dades, e serve como instrumento transformador das formações sociais[4].

---

[4] Vargas, M., *Para uma filosofia da tecnologia*, São Paulo, Alfa Omega, 1994; Brito, Glaucia da Silva, *Educação e Novas Tecnologias: um re-pensar*, Curitiba, Ibpex, 2008; Johnson, Steven, *Cultura da interface: como o computador transforma nossa maneira de criar e comunicar*, Rio de Janeiro, Jorge Zahar, 2001; Pinto, Álvaro Vieira, *O conceito de tecnologia*, Vol. 1, Rio de Janeiro, Contraponto, 2005, p. 20; "o valor da tecnologia não está nela em si mesma, mas depende do uso que fazemos dela." (Côrrea, Juliana, «Novas tecnologias de informação e da comunicação: novas tecnologias de ensino e aprendizagem», in: *Novas tecnologias, novos textos, novas formas de pensar* (org. Carla Viana Coscarelli), Belo Horizonte, Autentica, 2002); Cardoso, T. F. L., «Sociedade e Desenvolvimento Tecnológico: Uma Abordagem Histórica», in: *Educação Tecnológica: Desafios e Pespectivas* (org. M.P.S.Z. Grinspun), São Paulo,

Fala-se em interação entre sociedade e tecnologia, como um processo im- preciso, e de conteúdo heterogêneo, associado à determinação das técnicas de que dispõe um grupo social em qualquer fase histórica de seu desenvolvimento, e ao surgimento de comportamentos, valores e atitudes adaptáveis aos estágios evolutivos referentes aos momentos tecnológicos.

Fator de organização social, instrumental de produtividade e/ou compe- titividade, aplicação de conhecimentos ou atividade humana em que se busca a solução de problemas práticos, a tecnologia exerce influência decisiva na so- ciedade, seja trazendo benefícios à humanidade com o conforto proporcionado pelos diversos aparatos e dispositivos técnicos, seja com os riscos da evolução tecnológica resultante em lucros, interesses e diversas questões sociais, éticas e políticas.[5]

É neste contexto do progresso tecnológico e do seu impacto social, que na história da humanidade, desde o início da civilização, é possível detectar movimentos ou eras tecnológicas, ou seja, épocas na evolução histórico-social do homem marcadas pelo predomínio

---

Cortez, 2001; Veraszto, E. V., «Projeto Teckids: Educação Tecnológica no Ensino Fundamental», Dissertação de Mestrado, Campinas, Faculdade de Educação, UNICAMP, 2004

[5] "As tecnologias são produzidas e apropriadas de formas diferenciadas, a partir de dinâmicos processos socioeconômicos, culturais e políticos específicos. Uma tecnologia influencia fenômenos sociais e é marcada por eles, em um complexo movimento histórico de reciprocidades, usos, inovações, desvirtuamentos e disputas" (Ribeiro De Mello, Gilberto, «Estudos de Prática de Governança Eletrônica: instrumento de controladoria para tomada de decisões na gestão dos Estados Brasileiros», Tese de Doutorado em Ciências Contábeis, Programa de Pós-Graduação em Ciências Contábeis, Faculdade de Economia, Administração e Contabilidade, Universidade São Paulo, São Paulo, 2009).

de um tipo de tecnologia.[6,7]

O desenvolvimento tecnológico da humanidade pode ser classificado em quatro eras: industrial, elétrica, eletrônica e da informação.

Com isso, se o desenvolvimento tecnológico faz parte das dinâmicas so- ciais, bastante peculiar à perspectiva do progresso técnico, é possível afirmar, com a chegada dos computadores, e principalmente com a internet, que estamos vivendo numa realidade em que o fluxo de mensagens e imagens entre as redes passou a ser o ingrediente básico nas relações sociais, revelando a configuração de uma sociedade tecnológica marcada pelo avanço da tecnologia de informação, uma verdadeira sociedade de informação.

---

[6] Wynne, B., «Redefining the Issues of Risk and Public Acceptance», *Futures*, Vol. 15, n.o 1, 1983, pp. 13- 32; Bunge, M., *Treatise on basic philosophy*. Vol. 7, Philosophy of science and technology, Dordrecht, Reidel, 1985; Mitcham, Carl, *Thinking through technology. The path between engineering and philosophy*, Chicago, The University of Chicago Press, 1994; Schienstock, G., «Technology policy in the process of change. Changing paradigms in research and technology policy», in: *Technology policy: Towards and integration of social and ecological concerns* (eds. G. Aichholzer/ G. Schienstock), Berlim-Nova Iorque, De Gruyter, 1994; Pacey, A., *The Culture of Technology*, Cambridge, MA, MIT Press. 1983; Carvalho, M. G., «Tecnologia e Sociedade», in: *Tecnologia e Interação*, Coletânea "Educação e Tecnologia", (org. João A. S. L. Bastos), PPGTE- CEFET, Curitiba: CEFET- PR, 1998, p. 01; Bazzo, W. A., *Ciência, Tecnologia e Sociedade: e o contexto da educação tecnológica*, Florianópolis, Ed. da UFSC, 1998; Herrera, Amílcar. *et al.*, *Las Nuevas Tecnologías y el Futuro de América Latina*, México, Siglo XXI, 1994; Heidegger, Martin, *Introdução à Metafísica*, São Paulo, Piaget, 1987.

[7] Ortega y Gasset, J., *Meditação da técnica*, Rio de Janeiro, Livro Ibero Americano Limitada, 1963.

No contexto da sociedade de informação, os avanços da microeletrônica permitiram o desenvolvimento das tecnologias de informação e comunicação, e o surgimento da era eletrônica, fatores que condicionam a exigência de um momento histórico-cultural mais aberto e potencializado pela difusão, disseminação e transmissão de informações para todos e por todos[8].

Na era eletrônica, ancorada nas novas tecnologias digitais, surge um novo ambiente de informação e comunicação, com transmissão global, velocidade ímpar e subversão dos fatores de tempo e espaço, que propicia novas formas de sociabilidade, influenciando no relacionamento entre o público e o privado. É o ciberespaço,[9] termo citado por William Gibson no romance Neuromancer, entendido como um espaço de comunicação aberta que surge da interconexão mundial de computadores.

---

[8] "A capacidade de criar, difundir e usar conhecimento e informação é cada vez mais o principal fator para o crescimento econômico e a melhoria da qualidade de vida" (OCDE, OCDE SCIENCE, Technology and Industry Scoreboard, Benchmarking Knowledge – based Economies, OCDE, 1999); Hobsbawm, E O., *Novo Século (Entrevista a Antônio Polito)*, São Paulo, Companhia das Letras, 2000.

[9] Parece-nos útil delimitar o âmbito do ciberespaço em dois aspectos: a) aspecto subjetivo: ele designa os seres que navegam e alimentam o universo das redes digitais; dentro do aspecto subjetivo do ciberespaço a concepção dos seres se utiliza desse espaço se identificam como identidades nômades sem corpo, sem simultaneidade de presença, apenas em solidão coletiva. Nesta linha há um universo complexo e dinâmico de interações de sujeitos que transitam no ambiente virtual com discursos, práticas e imagens que passam a influenciar a conformação social; b) aspecto objetivo: ele designa o conteúdo que abrange um universo oceânico de informações com base numa infraestrutura material da comunicação digital. Ao lado da socialização, o ambiente virtual proporciona intercâmbio intenso de informações e imagens, especialmente com o advento da internet e o desenvolvimento da *web* (Levy, Pierre, *Cibercultura*, São Paulo, Editora 34, 1999; Lysloff, René, «Musical life in Softcity: in internet ethnography», in: *Musica and technoculture* (orgs. René Lysloff/ Leslie Gay), Middletown, Wesleyan University Press; Giddens, Anthony, *Modernidade e identidade*, tradução de Plínio Dentizien, Rio de Janeiro, Jorge Zahar, 2002).

A Era Eletrônica, especialmente com o surgimento da internet, propicia a invasão no corpo da vida comunitária de uma nova identidade social baseada na ampliação da informação como papel de moeda globalizante, criando a *socieda- de em rede* e uma *cidadania eletrônica* ou *cibercidadania*.[10] A segunda metade do século XX propiciou a atmosfera perfeita para as revoluções científicas e podemos afirmar, exemplificadamente, o advento para novos paradigmas a partir de determinadas invenções ou descobertas, tais como: (i) a estrutura decifrada do DNA (1953), o celular móvel (1956), a internet mo- derna (1981), o computador pessoal (1981), a clonagem da ovelha Dolly (1996), a decifração do genoma humano (2000).

Nos dias atuais, é impossível ignorar as redes sociais, enquanto platafor- mas caracterizadas por múltiplas conexões entre as pessoas, inclusive empresas, com compartilhamento de dados, informações, negócios, relações extrapatrimo- niais e notícias e os seus atributos de integração, relacionamento, imediatidade, como um raio capaz de constranger Zeus com o seu potencial explosivo e célere. Acrescente-se, aqui, a chamada *Inteligência Artificial* (IA),

---

[10] Pieranti, O. P./ Rodrigues, S./ Peci, A., «Governança e New Public Management: convergências e contradições no contexto brasileiro», in: *XXXI Encontro da ANPAD*, Rio de Janeiro, 2007; Toffler, Alvin, *A terceira onda*, Rio de Janeiro, Record, 1997; Akutsu, L./ Pinho, J. A. G., «Sociedade da informação, accountability, e democracia delegada: investigação em portais de governo no Brasil», *Revista de Administração Pública*, Vol. 36, n.o 5, pp. 723-745, set./out. 2002; Lock, F. N., «Transparência da gestão municipal através das informações contábeis divulgadas na internet», Dissertação de Mestrado em Gestão Pública para o Desenvolvimento do Nordeste, Universidade Federal de Pernambuco, Recife, 2003; Santana Junior, J. J. B., «Transparência fiscal eletrônica: uma análise dos níveis de transparência apresentados nos sites dos poderes e órgãos dos Estados e do Distrito Federal do Brasil», Dissertação de Mestrado em Ciências Contábeis, Programa Multinstitucional e Inter-regional de Pós-graduação em Ciências Contábeis, Recife, 2008; Castells, Manuel, *A sociedade em rede*, São Paulo, Paz e Terra, 1999.

consubstanciada à inteligência similar à humana, verificada por mecanismos ou *software*[11].

E após novas descobertas, surgem *novos paradigmas* que causam verdadeiras *revoluções científicas*, que têm como efeito direto nos propiciar uma nova visão do mundo, primordialmente pelos cientistas e, bem assim, por todas as demais pessoas na sociedade[12].

Um futuro indeterminado a ser enfrentado de olhos bem abertos[13], mas sem perder a dimensão do *thauma* no conhecimento, isto é, o *espanto* que mara- vilha o saber e lhe dá sentido e a verdadeira essência[14]

II. Contexto da Inteligência Artificial: Pós-Modernidade

Desde a última década do século XX até os dias atuais, transformações muito significativas e rápidas têm sido presenciadas em todos os setores da nos- sa sociedade e que afetam nosso modo de pensar, de interagir, de agir e de co- municar. Vivemos a pós-modernidade, um conceito ainda em construção. Na verdade, a pós-modernidade representa transformações em

---

[11] Camillo, Carlos E. N., *Manual da Teoria Geral do Direito*, São Paulo, Editora Almedina, 2019, p. 316

[12] Thomas Kuhn, *A estrutura das revoluções científicas*, tradução de Beatriz Vianna Boeira e Nelson Boeira, 13.a ed., 2.a reimpressão, São Paulo, Perspectiva, 2018, p. 145.

[13] Lévy, Pierre, *As tecnologias da inteligência – o futuro do pensamento na era da informática*, tradução de Carlos Irineu da Costa, 2.a ed., 1.a reimpressão, Rio de Janeiro, Editora 34, 2011, p. 198.

[14] Platão, *Teeteto (ou do conhecimento)*, tradução de Edson Bini, São Paulo, Edipro, 2007, p. 63 (155d).

relação a diversos temas, e se caracteriza pela invasão da tecnologia eletrônica, da automação e da informação.

Após um período caracterizado na crença do progresso e nos ideais ilu- ministas, vive-se a partir da segunda metade do século XX numa condição his- tórica pósmoderna[15] de incertezas e riscos, com a desconstrução de princípios e valores construídos na modernidade e ausência de projeto do futuro. A realidade atual é regida por uma narrativa do inconstante[16] combinada com a evolução tec- nológica, a revolução digital e a globalização, no contexto de transição[17] e busca de nova estrutura social.

A pós-modernidade é caracterizada por três dimensões: *a) da incerteza*: o contemporâneo é marcado pela falta de critérios

---

[15] "Na noção de uma não-história é que o pensamento pós-moderno procura se estabelecer enquanto ruptura com o moderno." (Menezes, P., *A Crise do Passado*, São Paulo, Experimento, 1994); "O pós-moderno sem dúvida traz ambiguidades. É isso que ele propõe: a prudência como método, a ironia como crítica, o fragmento como base e o descontínuo como limite" (sevcenko, nicolau, «O enigma pós-moderno», in: *Pós-modernidade* (org. RobeRto caRdoso de oliveiRa), Campinas- SP, Editora da UNICAMP, 1987).

[16] "O rótulo genérico abriga a mistura de estilos, a descrença no poder absoluto da razão, o desprestígio do Estado. A era da velocidade. A imagem acima do conteúdo. O efêmero e o volátil parecem derrotar o permanente e o essencial. Vive-se a angústia do que não pode ser e a perplexidade de um tempo sem verdades seguras. Uma época aparentemente pós-tudo: pós- marxista, pós-kelseniana, pós-freudiana" (adeodato, João MauRício, Ética & Retórica. Para uma teoria da dogmática jurídica, São Paulo, Saraiva, 2009, p. 353).

[17] "O mundo é "um" em certo sentido, mas radicalmente cindido por desigualdades de poder em outro. E um dos traços mais característicos da modernidade é a descoberta de que o desenvolvimento do conhecimento empírico não nos permite, por si mesmo, decidir entre diferentes posições de valor" (Giddens, a., *As Conseqüências da Modernidade*, São Paulo, Edunesp, 1991).

sólidos para definir padrões de orientação de conduta; *b) do risco:* além de vivermos numa sociedade global que promove um crescente e contínuo processo de liberação aleatória de novos riscos, há uma crise de controle sobre os novos perigos que surgem no seio da sociedade; *c) tecnológica*: além da conectividade das redes sociais e *smartphones*, os robôs começam, na era da digitalização e automação das indústrias, a de- monstrar suas funções cognitivas.

Na dimensão tecnológica, a internet e as tecnologias digitais fizeram emergir a sociedade de informação, que começou a tomar forma nos anos 60 nos trabalhos de Alain Touraine (1969) e Daniel Bell (1973) sobre as influências dos avanços tecnológicos nas relações de poder, identificando a informação como ponto central da sociedade contemporânea. É uma sociedade onde o fluxo de mensagens e imagens entre redes, passa a ser o ingrediente básico nas relações sociais.

A base de todas as relações se estabelece através da informação e da sua capacidade de processamento e de geração de conhecimentos. Um estágio de desenvolvimento social caracterizado pela capacidade de seus membros (cidadãos, empresas e administração pública) de obter e compartilhar qualquer informa- ção, instantaneamente, de qualquer lugar e da maneira mais adequada. Surge maior flexibilidade de comunicação A inteligência artificial é uma construção da dimensão tecnológica da pós-modernidade[18], paradigma[19] em construção apresentado de

---

[18] "O conceito de pós-modernidade faz parte do pensamento social porque nos alerta para algumas mudanças sociais e culturais importantes que estão acontecendo neste final de século XX" (lyon, david, *Pós Modernidade,* São Paulo, Paulus, 1998, p. 9); "Não há como buscar uma verdade que se chama pós-modernidade. Mas há, sim, como colocar em evidência a construção de sentido sobre um processo de *recomposição* de diversos elementos (políticos econômicos, culturais, religiosos etc.), que leva à emergência do que se tem chamado hoje de pós-modernidade" (esPeRandio, MaRy Rute GoMes, *Para entender pós-modernidade*, São Leopoldo, Sinodal, 2007, p. 9); "emergência de novos aspectos formais da cultura com a emergência de um novo tipo de vida social e com uma nova ordem econômica" (JaMeson, FRedRic, «O pós-

certo modo como uma intenção "revolucionária", já que representa uma substituição de mo-delos de compreensão de uma realidade[20].

Bordoni abre passagem para a reflexão sobre a transição paradigmática[21] quando relata que a modernidade retirou suas

---

moderno e a sociedade de consumo», in: *O mal-estar no pós-modernismo: teorias e práticas* (org. e. ann kaPlan), tradução de Vera Ribeiro, Rio de Janeiro, Jorge Zahar, 1993, p. 27); "O pós-moderno é muito mais a fadiga crepuscular de uma época que parece extinguir-se ingloriosamente que o hino de júbilo de amanhãs que despontam" (Rouanet, séRGio P., *As razões do iluminismo*, São Paulo, Companhia das Letras, 1987, p. 229-277); HaRvey, david, *Condição pós-moderna*, São Paulo, Edições Loyola, 1992; santos FilHo, J.c., «Universidade, Modernidade e Pós-Modernidade», in: *Escola e Universidade na Pós-Modernidade* (orgs. J. c. santos FilHo/ s. e. MoRaes), Campinas, Mercado das Letras, 2000, pp. 25-60; tRiGo l., *A Sociedade Pós-Industrial e o Profissional em Turismo*, Papirus Editora, 2000, p. 44; lyotaRd, Jean FRançois, *A condição pós-moderna*, São Paulo, Editora Paz e Terra, 2012.

[19] "Os paradigmas fazem a ponte entre a teoria e a realidade por meio da elaboração de teses cientíticas que são utilizadas na elaboração de programas e sistemas, na execução de políticas, de projetos de desenvolvimento. Estes têm como referências os conhecimentos construídos a partir de determinada visão de mundo que projeta as ações necessárias para a transformação da realidade" (Arendt, Hannah, «O que é política?», in: *O que é política?*, tradução de Reinaldo Guarany, Rio de Janeiro, Bertrand Brasil, 1998, pp. 21-25).

[20] "Em vez da eternidade, a história; em vez do determinismo, a imprevisibilidade; em vez do mecanicismo, a interpenetração, a espontaneidade e a auto-organização; em vez da reversibilidade, a irreversibilidade e a evolução; em vez da ordem, a desordem; em vez da necessidade, a criatividade e o acidente" (santos, boaventuRa de sousa, *A crítica da razão indolente. Contra o desperdício da experiência. Para um novo senso comum. A ciência, o direito e a política na transição paradigmática*, Vol. 1, São Paulo, Cortez, 2000, pp. 70-71).

[21] A imagem que caracteriza de forma mais original as relações entre paradigmas nos dias atuais, pareceme ser, sem dúvida, a de um *período de transição paradigmática*, em que a dinâmica da realidade exige novos paradigmas que consigam melhor explicar os problemas contemporâneos. Esta

promessas, e que a pós-modernidade as subestimou, até zombou delas. A visão da modernidade em crise de Bordoni, articula-se com a de Bauman quando afirma que as promessas ficaram imunes às ondas cruzadas da história, sendo abandonadas estratégias favorecidas, assim como modelos de "boa sociedade" eventualmente concebidos para coroar o esforço de persegui-los de forma resoluta e fiel[22].

A crise do paradigma moderno[23] nos mostra a necessidade de reformula- ção de suas premissas epistemológicas, seja por

---

imagem espelha de forma muito sugestiva os dilemas e os desafios epistemológicos que existem no século XXI, em que múltiplos e inter-relacionados problemas evidenciam a existência de um estado de mal-estar. O sociólogo alemão ulRicH beck chama a nossa sociedade contemporânea de sociedade global do risco, uma verdadeira "caixa de pandora" que promove o crescente e contínuo processo de liberação aleatória de "novos riscos" que redundam no retorno da incerteza, da imprevisibilidade e da insegurança, em suas dimensões cognitiva e normativa. Já o sociólogo britânico antHony Giddens chama de "crise do controle", concebida como perda de domínio sobre o mundo em virtude do surgimento de perigos novos (santos, boaventuRa de sousa, *op. cit.*, p. 19); bauMan, zyGMunt, *O mal-estar da pós-modernidade*, Rio de Janeiro, Editora Jorge Zahar, 1998; beck, ulRicH, *Sociedade de risco: rumo a uma outra modernidade*, tradução de Sebastião do Nascimento, São Paulo, Editora 34, 2011; Giddens, antHony, *As consequências da modernidade*, tradução de Raul Fiker, São Paulo, Editora UNESP, 1991, pp. 133 e ss.).

[22] Bauman, Zygmunt/ Bordoni, Carlo, *Estado de Crise*, tradução de Renato Aguiar, Rio de Janeiro, Zahar, 2016, pp. 9-75.

[23] A modernidade, nascida sob signo da liberdade, definida como o período identificado pela era da razão rumo ao progresso histórico linear e caracterizada pelo fortalecimento dos Estados Nacionais não é suficiente para atender aos desafios da sociedade contemporânea, pois esta, a partir de meados do século XX, passa a ser vista como contingente, instável e imprevisível, solidificada pela globalização, e caracterizada pela invasão da tecnologia eletrónica, automação e informação

oposição, com a ruptura de seus parâmetros, seja por uma continuidade remodelada da modernidade[24]. As forças que nos levam às crises trazem em si as sementes da renovação. As possibilida- des de salvação nesse momento de crise parte da constatação das características desta condição pós-moderna, e reconhece elementos orientadores dentro do universo de incerteza a fim de compreender a realidade[25]

Alertados para uma compreensão mais elaborada, a pós-modernidade se coloca no contexto da complexidade em termos de totalidade e interconexão, em função de um processo evolutivo contínuo e inacabado, caracterizado pela veri ficação de que o que é sólido pode acabar por se tornar fluído com o progresso e a situação de fluidez gera busca por uma solidez duradoura[26], que considere a variabilidade no conhecimento e conceba um repensar multidimensional.

A pós-modernidade[27], ao produzir rupturas e introduzir novas definições axiológicas, traz a inteligência artificial, uma nova

---

[24] HaRvey, david, *op. cit*. "Entre as ruínas que se escondem atrás das fachadas, podem pressentir-se os sinais, por enquanto vagos, da emergência de um novo paradigma" (Santos, Boaventura de Souza, *op. cit.,* p. 56).

[25] Bauman, Zygmunt, *Modernidade líquida*, Rio de Janeiro, Zahar, 1998.

[26] Com a reformulação do pensamento moderno, surge a ideia no contexto pós-moderno da *incredulidade* manifestada pela indeterminação e intensa desconfiança nos discursos universais, que se tornaram dogmáticos, fechados e excludentes. Há uma perda da racionalidade global integradora e explicadora dos fenómenos, com abertura conceitual e metodológica para que os discursos não se tornem invólucros vazios sem significado histórico e social (HaRvey, david, *op. cit.*; santos FilHo, J.c., *op. cit.*, pp. 25-60; tRiGo, L., *op. cit.,* p. 44).

[27] Gray, John, *Cachorros de palha: reflexões sobre humanos e outros animais*, tradução de Maria Lucia de Oliveira, Rio de Janeiro, Record, 2005, p. 169

forma de pensar integração de elementos robóticos com o tecido orgânico humano. Gray já alertava que a história não é progresso ou declínio, mas ganhos ou perdas recorrentes[28].

Neste contexto, a inteligência artificial, como ramo da ciência da com- putação, surge como disciplina científica em 1956, em um *workshop* organizado por pesquisadores norteamericanos, com o objetivo de elaborar dispositivos que simulem a capacidade do ser humano de raciocinar, perceber, solucionar pro blemas e tomar decisões. Enfim, trata-se de buscar simular a capacidade do ser humano de ser inteligente.

A possibilidade de descrever com precisão habilidades humanas a pon- to de conseguir programa-las num computador para reprodução é a missão da inteligência artificial, no contexto do conhecimento científico. Em mais de 60 anos de existência da inteligência artificial não há nada que tenha negado ou provado de maneira irrefutável tal possibilidade, que permanece aberta e repleta de potencial.

Enquanto nos últimos anos, pode-se falar em um progresso técnico com avanços incríveis no campo da inteligência artificial, sofrendo investimentos consideráveis pelos países, resultando na criação de robôs que começam a de- monstrar suas habilidades físicas e cognitivas, não existe essa evolução em ter- mos éticos.

O universo da inteligência artificial, diante das modificações tecnológicas contemporâneas processadas, confronta a humanidade que passa a ter que refletir sobre orientações éticas com objetivo último de considerar essa área de pesquisa sobre computadores simulando o comportamento humano inteligente como ferramentas que devem propiciar e aumentar o bem-estar humano.

---

[28] "o Direito, entre as outras ciências sociais, tem o caráter distintivo do ser, como a língua, não só parte integrante mas também espelho integral da vida social" (Tarde, G., *Les Transformations Du Droit*, Paris, Berg, 1994).

IV. Riscos Éticos da Inteligência Artificial

O universo do risco, diante do desenvolvimento de tecnologias que si- mulem a inteligência humana, como raciocínio, aprendizagem, linguagem, infe- rência e criatividade, foi ampliado gerando necessária compreensão dos desafios complexos em termos éticos.

O primeiro risco ético é a escassez do trabalho humano, que seria substi- tuído pelo trabalho robótico. Será uma substituição? Ou apenas uma mudança no próprio trabalho humano que demanda novas habilidades?

O segundo risco ético são as consequências jurídicas para autonomia individual, em termos de segurança e liberdade. Há um risco? Ou apenas uma recomendação necessária de maior vigilância das pessoas em relação às interfe- rências tecnológicas em suas vidas privadas?

O terceiro risco ético é a dominação da humanidade por máquinas inteligentes. A inteligência artificial não coloca em risco a existência da humanidade, já que por enquanto, temos que os robôs não possuem autonomia moral (vontade própria); possuem autonomia tecnológica dependente de eletricidade.

V. Diretrizes Éticas da Inteligência Artificial

Diante dos novos desafios impostos por essa realidade em mudança, é importante destacar a necessidade de revalorização dos princípios éticos, como alicerces do ordenamento jurídico, na resolução dos problemas, do qual os valores partilhados pela sociedade com respaldo constitucional aparecem com o seu potencial de possibilitar solução técnicainstrumental e valorativa na criação da legitimidade dos comportamentos no âmbito dos sistemas de inteligência artifi- cial, tanto os que devem ser seguidos, como os que devem ser suportados.

As inovações tecnológicas, como um todo, são viabilizadoras de conheci- mento, jamais poderão suceder a pessoa humana, tampouco prejudicar a huma- nidade. A esse respeito, sempre se mostra pertinente relembrar as diretivas que o prestigioso escritor e bioquímico Isaac Asimov criou sobre IA[29]:

"(1a) Um robô não pode ferir um ser humano ou, por inação, permitir que um ser humano sofra algum mal;

(2a) Um robô deve obedecer as ordens que lhe sejam dadas por seres huma- nos, exceto nos casos em que tais ordens entrem em conflito com a Primeiro Diretiva;

(3a) Um robô deve proteger sua própria existência desde que tal proteção não entre em conflito com a Primeira ou Segunda diretivas e

(zero) Acima de todas as outras, um robô não pode causar mal à humanidade ou, por omissão, permitir que a humanidade sofra algum mal."

Não se pode duvidar que essas diretivas exerceram importante papel na cultura contemporânea, tendo certamente inspirado a aprovação das *Dis- posições de Direito Civil sobre Robótica* do Parlamento Europeu – Resolução de 16/02/2017 - (2015/2103 INL)[30].

Em abril de 2019, a União Europeia fez publicar as diretrizes éticas para a Inteligência Artificial (IA), por meio do documento *Ethics guidelines for trus- tworthy AI*, fruto dos trabalhos da Comissão Europeia e do grupo *AI HLEG (High Level Expert Group on*

---

[29] 30 Asimov, Isaac, *Eu, Robô*, tradução de Aline Storto, São Paulo, Aleph, 2014, pp. 19 e ss.

[30] Disponível em https://www.europarl.europa.eu/doceo/document/TA-8-2017-0051

Artificial Intellingence), formado por 52 membros, entre empreendedores de tecnologia, representantes da sociedade civil, juristas, pesquisadores, entre outros. De acordo com o documento, a inteligência artifi- cial deverá se desenvolver eticamente confiável, transparente, com supervisão humana e algoritmos seguros e confiáveis, sujeitos a regras de privacidade e proteção de dados, dentre outras recomendações[31].

São as seguintes as diretrizes éticas que visem possibilitar a construção de uma inteligência artificial confiável:

1. Transparência: significa oferecer aos utilizadores dos sistemas de inte- ligência artificial quatro instrumentos visando possibilitar visibilidade tecnológica:

    - rastreabilidade dos dados: é importante que os sistemas registrem e documentem todas as decisões proferidas no âmbito da inteligência artificial;
    - justificativa: é o oferecimento da explicação de todas as decisões e o processo que originou essas decisões com base em algoritmos;
    - comunicabilidade: é a informação completa e adequada aos utiliza- dos de todas as capacidades e limitações dos sistemas de inteligência artificial;
    - interatividade: identificar os responsáveis pelos sistemas para que haja uma interação com os utilizadores.

---

[31] European Commission, *Ethics guidelines for trustworthy AI* (disponível em https://ec.europa.eu/ digital-single-market/en/news/ethics-guidelines-trustworthy-ai, consultado em 10/4/2019).

2. Responsabilidade: é a previsão de mecanismos que garantam a respon- sabilização dos sistemas de inteligência artificial em suas aplicações, bem como de auditoria interna e externa com disponibilização dos respecti- vos relatórios.
3. Robustez e segurança: exige que os algoritmos sejam seguros, confiá- veis e suficientemente robustos (resistentes) para lidar: com erros ou incoerências, resultados errados e tentativas de manipular dados ou os próprios algoritmos. Desta forma deve ser:

- construído um plano de recurso em caso de problemas;
- criado mecanismos de proteção e de segurança desde a concepção dos sistemas, bem como processos destinados a clarificar e avaliar os riscos potenciais associados à utilização de sistemas em diferentes áreas de aplicação.

4. Privacidade e governação dos dados: além de permitir que as pessoas tenham pleno controle sobre os seus próprios dados deve ser assegurada a integridade dos dados, bem como o acesso aos dados adequadamente regulado e controlado.
5. Acessibilidade: garantir uma abordagem universal com respeito à diversidade, nomeadamente com igualdade de acesso às pessoas com deficiência.
6. Sustentabilidade: devem ser incentivadas a sustentabilidade e a respon- sabilidade ecológica dos sistemas de IA.

Não há dúvida de que as diretrizes éticas estão consistentemente estabelecidas.

Em meio às revoluções tecnológicas, é possível compreender as ativida- des humanas na atualidade a partir de dois segmentos: atividades que se realizam mediante *processos complicados* e atividades que se realizam por meio de *proces- sos complexos*. Os processos complicados não prescindem de uma decisão, se ca- racterizando por sua mecanicidade e envolvem uma série de cálculos e memória. Os processos complexos não se desenvolvem mediante mecanicidade, tampouco se contentam apenas com cálculos e memória, pois exigem uma esfera de deci- são que deverá ser tomada[32].

Nessa ordem de ideias, há consenso de que todos os processos complicados poderão ser inseridos no contexto da IA, o mesmo não ocorrendo os proces- sos complexos, que exigem, por conseguinte, uma decisão, uma interpretação, uma integração, tarefas apenas realizadas pela pessoa humana. Enfim, nenhuma inovação tecnológica - tampouco a inteligência artificial - terá o condão de suceder a pessoa humana em meio aos processos complexos de criação, decisão e interpretação. A tecnologia, enfim, revoluciona e viabiliza uma série de atividades humanas, sobretudo aquelas de natureza *complicada*. Isto não significa, contudo, que não teremos uma pauta de inovação a trilhar. Não há dúvida que as novas tecnologias certamente mudarão nosso cotidiano, pelo que se afigurará elemen- tar saber como utilizar, como funcionam e os custos e benefícios de aplicativos e plataformas, tais como *machine learning* (aprendizado automático), inteligência artificial, análise preditiva, contratos inteligentes, *blockchain* (protocolo da confiança) e tantos outros que forem criados com esse mesmo desiderato inovador.

É preciso destacar, finalmente, que as *diretrizes* aqui em comento têm natureza ética. Ontologicamente, devem ser respeitadas não apenas porque estatuem o *dever ser* na sociedade mas porque, além de elegíveis como paradigma da moralidade e de todos os princípios que margeiam a justiça, todas elas assentam na premissa de que implicam na aderência ao respeito aos valores contemporâ- neos que protagonizam a vida em sociedade plural, o respeito para com o Outro e, acima de tudo, afirmam a dignidade da pessoa humana.

---

[32] Camillo, Carlos E. N., *op. cit.*, p. 319. *14*

CAPÍTULO 2
INTELIGENCIA ARTIFICIAL Y EDUCACIÓN: POTENCIALIDADES, RETOS Y OPORTUNIDADES EN LA FORMACIÓN DE CAPITAL HUMANO
ARTIFICIAL INTELLIGENCE AND EDUCATION; POTENTIALS, CHALLENGES AND OPPORTUNITIES IN THE FORMATION OF HUMAN CAPITAL

María Luisa Sáenz Gallegos
José Luis Cira Huape

Resumen; La inteligencia artificial (IA) es un área de las Ciencias de la Computación que estudia las posibilidades de recrear la inteligencia humana y genera conocimientos para hacer esto posible. A través del trabajo multidisciplinario de la computación y las ciencias y especialidades que estudian el cerebro y la cognición humana, se buscan modelos, métodos, técnicas y algoritmos que en conjunto emulen operaciones y procesos como la percepción, la interpretación, el aprendizaje y otros. La IA ha hecho posible proyectos prometedores en diversas áreas, como la educación, ya que a través de sistemas expertos, redes neuronales, algoritmos de agrupamiento, correlación, regresión, y más, se puede personalizar la instrucción con los sistemas tutoriales adaptativos inteligentes, pronosticar el aprovechamiento de los estudiantes, trazar perfiles de desempeño, y otros que se describen en este capítulo. Por otro lado, se ha hecho necesario definir marcos de competencias y propuestas curriculares para que los estudiantes sean capaces de interactuar, configurar y diseñar ambientes basados en IA, esto, implica retos en la formación del capital humano y a la vez, representará oportunidades para la vinculación universitaria y la educación continua, en una industria que cada vez estará más automatizada y requerirá recursos humanos capacitados en IA.

Palabras clave: Aplicaciones de la Inteligencia Artificial en la Educación, Pensamiento Computacional, Educación STEM, Competencias para el Siglo XXI, Competencias para la Inteligencia Artificial.

Abstract; Artificial intelligence (AI) is an area of Computer Science that studies the possibilities of recreating human intelligence and generates knowledge to make this possible. Through the multidisciplinary work of computing and the sciences and specialties that study the brain and human cognition, models, methods, techniques and algorithms that together emulate operations and processes such as perception, interpretation, learning and others are sought. AI has made promising projects possible in various areas, such as education, because through expert systems, neural networks, clustering algorithms, correlation, regression, and more, instruction can be customized with intelligent adaptive tutorial systems, forecasting student achievement, chart performance profiles, and others described in this chapter. On the other hand, it has become necessary to define competence frameworks and curricular proposals so that students are able to interact, configure and design AI-based environments, this implies challenges in the formation of human capital and at the same time, will represent opportunities for university bonding and continuing education, in an industry that will be increasingly automated and will require human resources trained in AI.

Key words: Applications of Artificial Intelligence in Education, Computational Thinking, STEM Education, Skills for the 21st Century, Artificial Intelligence skills.

Introducción

De acuerdo con el documento de la UNESCO *Artificial Intelligence in Education: Challenges and Opportunities for Sustainable Development*, publicado en 2019, la definición de Inteligencia Artificial es mejor comprendida considerando las dimensiones en que han organizado ocho definiciones de IA Stuart J. Russell y Peter Norvig (2010) en su libro referente "*Inteligencia*

Artificial: Un enfoque Moderno"[33], estas definiciones se han clasificado en dimensiones. En la dimensión horizontal o por filas, en la parte superior se ubican aquellas relacionadas con los procesos de pensamiento y el razonamiento, mientras que las que están en la parte inferior hacen referencia al comportamiento. En la dimensión vertical o por columnas, en las definiciones de la izquierda se mide el éxito de la IA en términos de la fidelidad de esta con el desempeño humano, mientras que en las definiciones de la columna derecha, la 'racionalidad' es la correcta en comparación con una medición ideal del desempeño, un sistema entonces es racional si hace lo "correcto", dado lo que sabe, como[34]:

Pensar humanamente. Hacer que las computadoras 'piensen', máquinas con mente, literalmente, así como la automatización de las tareas del pensamiento humano, como la toma de decisiones, la resolución de problemas y el aprendizaje.	*Pensar racionalmente.* El estudio de las facultades mentales, a través de las modelos computacionales y el estudio de las operaciones que hacen posible que las computadoras percibir, razonas y actuar.
Actuar humanamente. Crear máquinas que desempeñen funciones que requieren de la inteligencia humana y el estudio de cómo lograr que las computadoras hagan cosas, que en este momento las personas realizan mejor.	*Actuar racionalmente.* El estudio del diseño de agentes inteligentes (Inteligencia computacional) y el comportamiento inteligente en los artefactos.

Figura 1: Dimensiones en que pueden clasificarse las definiciones de

---

[33] UNESCO. Artificial Intelligence in Education: Challenges and Opportunities for Sustainable Development. (2019). Recuperado en https://unesdoc.unesco.org/ark:/48223/pf0000366994. P.8.

[34] Stuart J. Russell y Peter Norvig (2010). Inteligencia Artificial: Un enfoque Moderno. Recuperado de https://faculty.psau.edu.sa/filedownload/doc-7-pdf-a154ffbcec538a4161a406abf62f5b76-original.pdf .p. 2

Inteligencia Artificial y aspectos que comprenden. Adaptado de Stuart J. Russell y Peter Norvig (2010) en "Inteligencia Artificial: Un enfoque Moderno.

Puede observarse que la inteligencia artificial es entonces un área de las Ciencias de la Computación que estudia las posibilidades de recrear la inteligencia humana y generar conocimientos para hacer esto posible. A través del trabajo multidisciplinario entre la computación y las ciencias y especialidades que estudian el cerebro y la cognición humana como la biología, la psicología, la neurología, la lingüística, las neurociencias, entre otras, se trata de encontrar modelos, métodos, técnicas y algoritmos que emulen procesos como la percepción, la interpretación, los procesos de pensamiento que se integran en el razonamiento, exclusivos, hasta ahora, de la condición humana y cualquiera de estos puede encajar en alguno de los enfoques presentados en la imagen.

En el primer apartado de este capítulo se reseña de manera breve el devenir de la Inteligencia Artificial, mencionando algunos hitos, tendencias y áreas de interés como el razonamiento, la adquisición y representación del conocimiento, el procesamiento del lenguaje natural y el aprendizaje.

Por otro lado, la aplicación de los modelos, métodos, técnicas y algoritmos de la IA que se integran en las áreas de interés de la IA, han traído consigo prometedores proyectos en distintas áreas de la actividad humana, entre estas, la educación, como se verá en el segundo apartado, en donde se describen los avances referidos en el documento de la UNESCO, *Artificial Intelligence in Education: Challenges and Opportunities for Sustainable Development*, publicado en 2019 y otros.

Por último, en el tercer apartado de este capítulo se abunda en la descripción de iniciativas, como los marcos de competencias y propuestas curriculares, que diferentes países y organizaciones han puesto en marcha como resultado de su inquietud por desarrollar capital humano competente para interactuar, configurar y crear en entornos potenciados por la Inteligencia Artificial, los desafíos que implica la convergencia de la sociedad del conocimiento y la 4ª Revolución Industrial (4RI) y los vertiginosos cambios que las caracterizan.

I. El devenir de la Inteligencia Artificial y sus áreas de desarrollo: una breve reseña.

Tiempo después de que el escritor Karel Capek acuñara, en 1920, el término "robot", que procedía del vocablo checo "robota" (trabajo forzado), para referirse a máquinas con aspecto humanoide que aparecían en el guion de una obra teatral y que eran creados para aligerar la carga de trabajo de los humanos, salió al mercado el primer robot comercial (1956) y se instaló el primer robot industrial (1961). Pero, antes de que se considerara a la robótica una de las áreas de interés más características de la Inteligencia Artificial (IA), sucedieron otros hechos importantes que se constituyeron en hitos de esta área de las ciencias de la computación. En 1947, Alan Turing propuso por primera vez la posibilidad de diseñar y construir una máquina inteligente. La máquina debería ser capaz de efectuar tareas para las cuales el ser humano necesita inteligencia, como los juegos, traducir textos y demostrar teoremas matemáticos. Como en otras disciplinas, el origen de la IA es el producto de un largo proceso y la contribución de numerosas áreas del conocimiento y especialidades, de hecho, una de las características de la IA es su marcado carácter multidisciplinar, a mediados de los 50´s, el conocimiento de circuitos neuronales sencillos, los mecanismos que explican el comportamiento humano y de los animales en disciplinas como biología, psicología y etología, sirvieron como inspiración para idear cómo debía ser el hardware y el software de una máquina inteligente. Por otro lado, en la cibernética, sobresaliendo Norbet Wiener, se intentó obtener una visión unificada sobre el procesamiento de información y los mecanismos de control y comunicación de los animales y del hombre, el libro de Wiener, publicado en 1948, es considerado un hito, pues contenía algunas propuesta esenciales, como las analogías entre los órganos de un animal y las máquinas (corazón-motobomba, ojo-obturador fotográfico, por ejemplo), entre las que, para la

Inteligencia Artificial, sobresalió la idea de la analogía entre el cerebro y la computadora. Idea que tuvo una profunda influencia en la comunidad científica, manifiesta en el modelo de red neuronal artificial que simuló el comportamiento dinámico de una red elemental de neuronas biológicas, desarrollado por Warren McCulloch y Walter Pitts. Por otra parte, 1956 se considera como la fecha en la que nació oficialmente la Inteligencia Artificial (IA), año en el que John McCarthy acuñó el término Inteligencia Artificial durante una conferencia sobre simulación del comportamiento humano con ordenador impartida en el Darmouth College. En 1957 el psicólogo Frank Rosenblatt desarrolla el perceptrón, primera red neuronal artificial funcional. De acuerdo con Lahoz-Beltrá (2004), una de las definiciones más aceptadas de la IA es aquella relacionada con las ideas de Alan Turing[35]: *"La inteligencia artificial es la disciplina cuya finalidad es la construcción de máquinas capaces de realizar tareas que requerirían la inteligencia si efectivamente fueran desempeñadas por el ser humano"*.

Sin embargo, como se mencionó anteriormente, la definición de Inteligencia Artificial también puede ser comprendida considerando las dimensiones en que Stuart J. Russell y Peter Norvig (2010) en su libro referente *"Inteligencia Artificial: Un enfoque Moderno"*, han clasificado los enfoques, es decir, en términos de los procesos de pensamiento y el razonamiento, o del comportamiento, o de la fidelidad de la IA con el desempeño humano y la 'racionalidad'[36].

Con respecto a las áreas que han sido del interés de la Inteligencia Artificial, a continuación, se reseñan algunos desarrollos y enfoques que hacen posible comprender cuáles son las posibilidades de aplicación de la IA en la educación, en la actualidad. Entre estas se encuentran la emulación de las operaciones del pensamiento, ejemplo de ello fue el programa

---

[35] LAHOZ-BELTRA, R. (2004). BIOINFORMÁTICA, simulación, vida artificial e inteligencia artificial. Editorial Díaz de Santos, pp. 327-342

[36] Stuart J. RUSSELL y Peter NORVIG (2010). Op. Cit.

Logic Theorist, que era capaz de demostrar teoremas de acuerdo con la lógica proposicional, además, otro de los objetivos a los que se han dirigido los esfuerzos de la Inteligencia Artificial ha sido el diseño de programas que exhiban la facultad de aprender y de adquirir y representar el conocimiento, lo anterior ha sido posible a través de los sistemas expertos o sistemas basados en conocimiento (KBS, por sus siglas en inglés), programas que simulan el razonamiento de los especialistas, también el desarrollo de sistemas que buscan tener interactividad con la persona y simular la comprensión, procesamiento y síntesis del lenguaje natural, como el programa ELISA, que a través de la emulación del diálogo de un psicoterapeuta y la búsqueda de palabras clave, "podía mantener una conversación", otro esfuerzo relevante fue el proyecto japonés denominado "computadoras de quinta generación", que a través del diseño de arquitecturas en paralelo y software, se trató de simular el lenguaje y razonamiento humano. Asimismo, la resolución de expresiones matemáticas simbólicas, es decir, aquellas cuyo resultado es otra expresión simbólica, ha sido otro de los intereses de la IA y desde los 80's hasta nuestros días, una de las áreas de investigación de la IA en la que se han obtenido buenos resultados son las redes neuronales artificiales, en donde una de sus aplicaciones más importantes es el reconocimiento de patrones. Otro de los objetivos de la IA es la simulación de emociones y su reconocimiento en los seres humanos, en la actualidad, a través de algoritmos y análisis predictivos basados en la IA se puede analizar el estrés y la respuesta emocional [37,38]. Por supuesto, otra de las áreas de interés de la IA ha sido el desarrollo de robots, en un principio, como simples máquinas programables para realizar tareas repetitivas, para las que el ser humano requiere de destreza, pero también inteligencia, como los robots industriales que reemplazan a los trabajadores humanos en las cadenas de montaje, sin embargo, también se encuentran los denominados robots de servicio o no

---

[37] LAHOZ-BELTRA, R. (2004). Op. cit. pp.

[38] ADEXT AI (2018).19 Artificial Intelligence Technologies To Look For In 2019. en SÁENZ GALLEGOS, M.L. *Relación de las TICs y la profesión de Enfermería*

industriales, máquinas autónomas o semiautónomas para realizar tareas como explorar entornos, limpiar, o llevar a cabo una operación quirúrgica, (como el robot o sistema quirúrgico Da Vinci), e incluso para el entretenimiento.. Una importante aplicación de los robots es la realización de experimentos de simulación en el mundo real siendo capaces de percibir e interaccionar con el entorno, ya sea doméstico, hostil o peligroso[39].

Como se verá a continuación, las áreas de desarrollo de la IA que se presentaron en esta breve reseña, como los sistemas expertos, los robots, las redes neuronales y el análisis predictivo se emplean en los sistemas de tutoriales inteligentes para apoyar a los estudiantes adaptando los recursos y medios a las preferencias de estos, prediciendo sus estados de ánimo, en el desarrollo de modelos de predicción del desempeño y aprovechamiento, entre otros.

II. Perspectivas y retos actuales de la inteligencia artificial en la Educación.

Desde su aparición en la tierra, los seres humanos han generado cambios tecnológicos que por su trascendencia han ido modificando la forma de vida de las sociedades, así, en la sociedades neolíticas el descubrimiento de la domesticación de la semillas y los animales produjeron los asentamientos humanos, la agricultura y el pastoreo, actividades características de las sociedades denominadas agrícolas. Cientos de años después, surgiría el mayor conjunto de transformaciones socioeconómicas, tecnológicas y culturales de la historia de la humanidad desde el neolítico, la Revolución Industrial, que conformaría la sociedad industrial, desde mediados del siglo XVIII, hasta inicios del Siglo XX, caracterizada por el abandono del campo y la concentración de los habitantes en las grandes ciudades industrializadas, la aparición de las máquinas y las fábricas. La tasa de mortalidad

---

[39] LAHOZ-BELTRA, R. (2004). Op. cit. pp.

descendió de forma considerable al mejorar las condiciones de alimentación, higiene y salud y se incrementó la esperanza de vida. En nuestra época, a partir de la llegada del Internet y sus servicios, se facilita la creación, distribución y manipulación de la información y el conocimiento, que comienzan a jugar un rol esencial en las actividades sociales, culturales y económicas. La sociedad del conocimiento se caracteriza por el desarrollo de productos que tienen su base en el mismo conocimiento, los beneficios económicos que se logran de la venta de esos productos y servicios, repercuten en beneficios sociales, por lo que las sociedades donde se produce y controla el conocimiento son las que tienen mayores índices de bienestar social. Las sociedades productoras de conocimiento a su vez producen las condiciones para seguir el proceso mediante el mantenimiento de la infraestructura electrónica, los bancos de información, las redes y relaciones entre investigadores y tecnólogos[40].

Por otra parte, en la historia se han identificado cuatro etapas de la evolución industrial, la primera caracterizada por la aparición en empleo de las energías hidráulica y de vapor y la producción mecánica, la segunda, por aplicación de la energía eléctrica y la producción en masa alcanzada por la división del trabajo, la tercera, caracterizada por la automatización de la producción por medio de las tecnologías de información y los dispositivos electrónicos, actualmente ha arribado la 4ª Revolución Industrial (4RI), que se caracteriza por el uso de los sistemas ciberfísicos, la producción aditiva o por capaz, la personalización de los productos y la convergencia de varias tecnologías entre las que se encuentran las que provee la Inteligencia Artificial[41].

En el desarrollo curricular los objetivos y contenidos curriculares

---

[40] Sáenz, M.L. "Relación de las TIC's y la Profesión de Enfermería". Auditorio de la Facultad de Enfermería. Octubre de 2018. 1er Congreso por el Aniversario de la facultad de Enfermería.

[41] Basque Industry 4.0. (2014). Sistemas Ciberfísicos. Recuperado de http://es.slideshare.net/SPRICOMUNICA/basque-industry-40-sistemas-ciberfisicos

pueden centrarse en el campo laboral, o en las necesidades sociales e intereses de los estudiantes o contemplar ambos, sea cual sea la preferencia de los diseñadores curriculares y la mística y vocación de las instituciones educativas, la relación entre los sistemas de producción y la educación siempre ha estado presente y se ha transformado con la evolución de estos. Así, en la tercera revolución industrial, se tenía un enfoque orientado al producto, lo cual demandaba desarrollar en los estudiantes capacidades o competencias profesionales para automatizar procesos y máquinas que funcionaban de manera individual y para mejorar los productos. Ahora, la confluencia de la 4ª. Revolución Industrial (4RI) y la sociedad del conocimiento y las posibilidades de las tecnologías que hicieron posible su arribo, están creando *un enfoque centrado en ecosistemas digitales, es decir, está generando modelos de negocios innovadores basados en la interconexión de millones de consumidores, máquinas, productos y servicios*. Lo anterior demanda cambios curriculares para que los estudiantes adquieran capacidades o competencias profesionales que les posibiliten mejorar la cadena de valor, como son el pensamiento crítico, la creatividad, la inteligencia emocional, entre otras[42].

En 2019, la UNESCO ha publicado el documento *Artificial Intelligence in Education: Challenges and Opportunities for Sustainable Development*, elaborado para orientar a los responsables de las políticas públicas en materia de educación, especialmente de los países en vías de desarrollo en materia de retos y posibilidades de la aplicación de las tecnologías de la IA en la educación (AIEd). El documento esboza la manera en que la Inteligencia Artificial impactará al sector educativo, describe la manera en que algunas tecnologías de la IA están siendo aplicadas en algunos sistemas educativos alrededor del mundo, la manera en

---

[42] Escudero, A. (2018). Redefinición del "aprendizaje en red" en la cuarta revolución industrial. *Apertura*. Ed. Universidad de Guadalajara. Volumen 10, número 1. Recuperado de http://www.udgvirtual.udg.mx/apertura/index.php/apertura/article/view/1140/893

que puede mejorar el acceso y los resultados del aprendizaje, también describe las oportunidades de mejorar las capacidades del estado para manejar grandes sistemas educativos, a través de la analítica de datos. Además, reseña los medios a través de los cuales los gobiernos y las instituciones educativas están pensando y actuando en las modificaciones curriculares y formar a los estudiantes para *la creciente presencia de la IA en todos los aspectos de la actividad humana*, puntualizando que el objetivo general es garantizar que los alumnos adquieran las competencias para prosperar en una sociedad impulsada por la inteligencia artificial [43]. También se señala que se identifican como desafíos para los países el uso inclusivo y equitativo de la IA en la educación, el aprovechamiento de la IA para mejorar la educación y el aprendizaje, el desarrollo de habilidades para el trabajo y la vida en la era de la IA y la protección a los datos [44]. Debido a que en las noticias y en los artículos hay conceptos que se utilizan indistintamente, se hacen las siguientes precisiones, con respecto a la terminología[45]:

1. El término *aprendizaje automático o de máquina (machine learning)*, acuñado en 1959 por Arthur Samuel, se refiere a la "habilidad" de las máquinas de aprender sin ser explícitamente programadas.
2. *El aprendizaje profundo (o Deep Learning)*, se refiere a un subcampo específico del aprendizaje automático, una nueva versión de las representaciones del aprendizaje a partir de datos a través de capas sucesivas de representaciones cada vez más significativas. En el aprendizaje profundo, estas representaciones en capas son aprendidas (casi siempre) por medio de modelos denominados redes neuronales estructuradas en capas apiladas una sobre otra.

---

[43] UNESCO. Artificial Intelligence in Education: Challenges and Opportunities for Sustainable Development. (2019). Op. Cit. p. 4

[44] Ibid. p. 6

[45] Ibid. p. 9

3. El término *Big Data* hace referencia a conjuntos de datos cuyo tamaño rebasa la capacidad de los sistemas de bases de datos tradicionales, para capturar, almacenar, manejar y analizar datos. Se caracteriza por las 3 V, volumen de datos, variedad de los datos y velocidad a la cual los datos deben ser procesados. Los resultados de la aplicación de la IA se vuelven más precisos con más datos, por lo tanto la IA necesita datos de un gran volumen para construir su inteligencia (por ejemplo, al usar el aprendizaje automático).
4. Con relación a la *minería de datos (data mining)*, se le llama así al proceso de descubrir patrones y relaciones significativas y útiles en grandes volúmenes de datos. Desarrolla métodos y aplica técnicas de estadística y algoritmos de agrupación de datos.
5. *Analítica de datos*. Área que evalúa críticamente los datos en bruto y genera patrones para realizar caracterizaciones de entidades.

El documento sobre los retos y oportunidades de la IA en la educación de la UNESCO (2019) se divide en tres secciones, en la primera se presentan ejemplos de cómo las tecnologías de la IA pueden ayudar a los sistemas educativos a utilizar los datos para mejorar la enseñanza en el mundo en desarrollo, la segunda describe algunos casos de cómo las instituciones educativas están preparando a los estudiantes para la creciente presencia de la IA en todos los aspectos de la actividad humana y en la sección tres trata sobre los retos y las implicaciones en la política educativa. En las líneas sucesivas se traducen y reseñan los aspectos tratados en el primer y segundo apartados y se complementa la información con otros trabajos y marcos que también son referentes de los temas.

III.-Iniciativas y aplicaciones de la IA en apoyo a los procesos de enseñanza y aprendizaje.

Se identifica que la investigación en IA se ha centrado principalmente en aspectos de la inteligencia como el aprendizaje, el razonamiento, la resolución de problemas, la percepción y el uso del lenguaje y que se distinguen dos tipo de IA, la IA basada en datos, por medio del aprendizaje automático y la IA basada en el conocimiento, a través de la representación explícita de un dominio del conocimiento. Se menciona que el éxito actual de la IA se debe principalmente a los avances en la IA basada en datos[46].

En este reporte de la UNESCO se advierte que todos dejamos "huellas de información", una gran cantidad de datos, que posibilitan que el comportamiento humano y social sea cuantificado, rastreado, modelado y predicho, es decir, estamos en la era del Big Data. El fenómeno, al que también se denomina 'datification' o capacidad de producir datos que sean capaces de ser leídos por una computadora, influirá en el sector educativo, por las posibilidades de la individualización del aprendizaje. Asimismo, se menciona que la minería de datos educativos y el análisis del aprendizaje son dos áreas que pueden ser aplicadas en la educación. La minería de datos educativos (EDM) desarrolla métodos y aplica técnicas de estadística y aprendizaje automático, así como minería de datos para analizar los datos generados y recopilados durante la enseñanza y el aprendizaje, los cuales son de utilidad para evaluar las teorías del aprendizaje y generar información sobre la práctica educativa. Por otra parte, la analítica de datos (DA), es una disciplina emergente que busca mejorar la enseñanza y el aprendizaje mediante la evaluación crítica de datos sin procesar y la generación de patrones para caracterizar los hábitos de los estudiantes, predecir las respuestas de los estudiantes y proporcionar comentarios oportunos. Además, apoya la toma de decisiones, permite adaptar el contenido, simplifica las evaluaciones y proporciona supervisión individual del progreso de los estudiantes. Se refiere que el objetivo es ir avanzando hacia la explotación de analítica de datos en tiempo real para los estudiantes, los profesores y los sistemas de información educativos, para mejorar el desempeño y aprovechamiento de los

---

[46] Ibid

estudiantes, tanto a nivel de un curso como a nivel individual. La analítica de datos aplica diferentes áreas del conocimiento, como sociología, psicología, ética, pedagogía, entre otras. Se refiere que el análisis es un paso muy importante en el desarrollo de futuras soluciones de IA en la educación que, con la ayuda de potentes librerías podrían incluir el reconocimiento del lenguaje natural, la traducción del lenguaje y la teoría de juegos, que permitirían crear avatares que simulen el comportamiento de un profesor o un asistente virtual para profesores[47].

Producto de la evolución de los modelos pedagógicos desde hace tiempo, se ha planteado la necesidad de individualizar la enseñanza, con la IA, parece estar más cercana esta posibilidad. Por ejemplo, la telepresencia robótica, le permitirían al estudiante con necesidades especiales asistir a la escuela en casa o en el hospital manteniendo la continuidad del aprendizaje en periodos de crisis o emergencias. Asimismo, la IA puede apoyar el aprendizaje colaborativo asistido por computadora en donde por situaciones donde los alumnos no están físicamente en el mismo lugar, les proporciona opciones variables en cuanto a cuándo y dónde desean estudiar, en ello, los grupos de discusión asíncronos juegan un rol central, ya que por medio de las técnicas de aprendizaje automático y analizadores superficiales de textos o sintácticos superficiales, es posible monitorear estos grupos y a los profesores les es posible obtener información sobre las discusiones de los estudiantes y soporte para orientar la participación y el aprendizaje[48].

También se menciona que la IA puede apoyar a los docentes a través de la creación de asistentes virtuales, un modelo de maestro dual, en el cual los asistentes virtuales asumen las tareas rutinarias, liberando tiempo del maestro para que este se dedique a orientar a los estudiantes. Asimismo, considerando el tiempo que se emplea para calificar exámenes y tareas, la inteligencia artificial puede ser aplicada para crear una herramienta de evaluación que pueda aprender cómo califica un maestro, no sólo se para calificar

---

[47] Ibid

[48] Ibid. p. 12

exámenes de opción múltiple, sino también para evaluar ensayos. La IA también puede ayudar a mapear los planes de aprendizaje individuales y las trayectorias de cada estudiante, sus fortalezas y debilidades, los temas que le cuestan más trabajo y las que le son más fáciles de aprender, así como definir las preferencias y actividades de aprendizaje. Usando algoritmos para ayudar a los estudiantes a navegar por diferentes rutas de contenido, la IA puede personalizar el aprendizaje[49].

Lo anterior es sólo un recuento de las posibilidades de aplicación de la IA como apoyo para la docencia y los procesos de enseñanza y aprendizaje y su evaluación, en el reporte de la UNESCO, también se particulariza sobre cómo se está aplicando la IA para apoyar a los sistemas educativos en algunos países, o la manera en que se está haciendo de esta herramienta una estrategia de desarrollo y mejoramiento de la calidad educativa. Como en el caso de China, donde se refiere que en 2016, estableció su estrategia nacional de IA para la educación como parte de su visión tecnológica para convertirse en el mayor polo de desarrollo de IA en el mundo para 2030. Así, a través de una de una iniciativa de estado que se apoya en la iniciativa privada se están desarrollando software para el reconocimiento de voz e imagen, Hujiang la empresa privada de educación digital, está desarrollando este sistema capaz de comprender las expresiones faciales de los estudiantes para brindar retroalimentación en línea. Además, se enseña inglés a 600,000 estudiantes a través de la plataforma adaptativa desarrollada por Liulishuo al costo de un solo profesor. Otra empresa, Master Learner, está desarrollando un "Súper-maestro" que será capaz de responder a 500 millones de preguntas simultáneas de estudiantes que se preparan para el examen de ingreso a la universidad de Gaokao. Un avance significativo de la aplicación de la IA en la educación en China, es el diseño experimental basado en una red neuronal y el uso de algoritmos de aprendizaje profundo para analizar y corregir ensayos, máquina que se refiere está mejorando su capacidad para comprender el lenguaje humano, esta máquina comparar notas con calificaciones

---

[49] Ibid. p. 13

y comentarios de maestros humanos, las pruebas arrojaron un nivel de precisión que coincide con los humanos en un 92% de los casos. Se dice que esta máquina "*Ha evolucionado continuamente y se ha vuelto tan complejo, ya no sabemos con certeza lo que estaba pensando y cómo hizo un juicio*"[50].

En Latinoamérica, Uruguay ha desarrollado la iniciativa denominada Plan Ceibal con una Plataforma Adaptativa de Matemática (PAM), plataforma online interactiva, tanto para el trabajo en el aula, como el trabajo fuera del aula, desarrollada por la empresa Alemana Bettermarks, esta plataforma cuenta con más de 100,000 actividades que cubren los niveles de educación primaria y educación media basadas en el currículo nacional y que es una herramienta que proporciona asistencia y comentarios personalizados a los estudiantes de acuerdo con su nivel de conocimiento y habilidad. Entre las ventajas que se comenta tiene esta plataforma están: la inmediatez de la retroalimentación, la independencia de los estudiantes la posibilidad de corregir, la personalización del aprendizaje, la motivación y reflexión sobre el desempeño a través de la inclusión de la gamificación, la adaptación a los ritmos de clase y de cada alumno, y el gran número de actividades que incluye. En Brasil se creó Mec Flix como una plataforma de contenido de videos para preparar a los estudiantes para la presentación del examen nacional para ingresar al nivel superior, con esta plataforma, los estudiantes pueden crear listas de reproducción de lecciones, pero también recibir sugerencias de acuerdo con las preferencias identificadas con el componente de IA que incluye. Además, más de 5,000 escuelas en todo el país utilizan Geekie, la plataforma de aprendizaje adaptativo acreditada por el Ministerio de Educación del país y desarrollada por EdTech, esta plataforma, proporciona experiencias de aprendizaje personalizadas y a través del aprendizaje automático, el software proporciona contenido más personalizado a medida que el alumno lo usa con más frecuencia.

---

[50] Ibid

También se va volviendo mejor para señalar las dificultades de aprendizaje de las estudiantes, mismas que los educadores humanos pueden usar para determinar las intervenciones necesarias[51].

En África, Daptio es una solución de analítica profunda que apoya a los estudiantes, mentores y maestros a entender el nivel de competencia de los estudiantes y lo hace coincidir con contenido relevante y apropiado. M-shule, es una plataforma móvil llena de lecciones basadas en el currículum nacional, las cuales son puestas a disposición del estudiante de acuerdo con sus habilidades, la plataforma rastrea y analiza el desempeño del estudiante para empoderar a los padres y escuelas con revisiones y recomendaciones.

Como se puede ver, las iniciativas reseñadas anteriormente se han hecho en conjunto con la iniciativa privada, sin embargo se refiere que existen también iniciativas filantrópicas sobresalientes, como la de IBM, *A simpler voice: Overcoming illiteracy* que utiliza inteligencia artificial para ayudar a los estudiantes adultos que son analfabetos o tienen un bajo nivel de alfabetización para navegar los textos, traduciéndolos o presentando el significado básico, a través de apoyos visuales o de palabras simples habladas. También está el programa Kolibri, inspirado en la Academia Khan, organización educativa sin ánimo de lucro. En Kolibri de Learning Equality, los instructores y las organizaciones pueden crear currículos educativos personalizados que trabajan *off-line*, al combinar el contenido abierto y los materiales que generen. En el sitio web de la iniciativa se refiere que incluirá herramientas para el aprendizaje colaborativo, para proporcionar retroalimentación y recomendaciones personalizadas para que los estudiantes puedan trabajar a su propio ritmo con el apoyo de mentores y compañeros.

---

[51] Ibid. p. 14

Robo tutor es otra iniciativa que participó en el Xprize foundation 2019 y fue desarrollado por especialistas de Carnegie Mellon para crear una máquina de aprendizaje basada en IA con tutores de robots, reconocimiento de voz y algoritmos controlados por datos para personalizar el aprendizaje a gran escala.

Otra de las aplicaciones de la IA que reseña el informe de la UNESCO, es el mejoramiento de los Sistemas de Información de Gestión Educativa (EMIS)[52], que están siendo transformados en Sistemas de Gestión de Aprendizaje Integrado y Dinámico, mediante los cuales se respalda la toma de decisiones en todos los aspectos de la gestión educativa, en tiempo real y se analizan, por ejemplo, los datos generados en las pruebas nacionales de logro académico. Se mencionan entre los casos de este tipo de aplicación de la IA las iniciativas de Arabia Saudita, Kenya, Bután, Kirguistán y Chile, en donde se han puesto en marchar desde una plataforma de analítica de datos avanzada, que puede manejar datos que van desde el currículum del profesor, la retroalimentación para los padres, hasta las puntuaciones de las pruebas internacionales de logro académico como PISA, también un sistema que permite monitorear la asistencia en tiempo real, generar reportes de datos y conocer complejos patrones de datos de los estudiantes usando analíticas avanzadas, también cuenta con recursos en diversos formatos que pueden usar profesores y estudiantes, un tutor virtual personalizado de matemáticas que adapta las experiencias de aprendizaje de los alumnos en función de su desempeño. En el caso chileno, un estudio financiado por el Banco Interamericano de Desarrollo fue capaz de predecir el abandono escolar al localizar las distancias geográficas de las casas a las escuelas, se utilizaron 127 características de los estudiantes y los investigadores crearon un algoritmo para desarrollar una "geografía de oportunidades educativas", con un mapa detallado de

---

[52] Grupo organizado de información y documentación con servicios que recopilan, almacenan, procesan, analizan y difunden información para la administración y la planificación educativa.

las escuelas, el acceso, los resultados académicos y las predicciones de deserción[53].

León y Viña (2017) refieren que siempre se requerirá la participación activa de profesores humanos, pero la IA promete la personalización y adecuación a las necesidades y preferencias de los estudiantes a escala, multiplicando el tamaño de las aulas. Asimismo refieren que de acuerdo con el informe de la Universidad de Stanford, *One Hundred Year Study on Artificial Intelligence (AI100)*, "*la realidad virtual, el aprendizaje adaptativo, la analítica de aprendizaje y la enseñanza on-line serán habituales en los espacios de aprendizaje en tan sólo quince (15) años*"[54].

IV.-La estrategia de articulación y desarrollo de competencias para instruir, interactuar y crear en un mundo potenciado por la IA

La confluencia de la 4ª. Revolución Industrial (4RI) y la sociedad del conocimiento, las posibilidades que crean tecnologías como el Internet, la inteligencia artificial, la inteligencia aumentada[55], la robótica, la impresión 3D, la cloud computing, el Big Data, el Internet de las cosas, la biotecnología, la nanotecnología y la creciente presencia de estas en la actividad humana, hacen necesaria que la formación de los estudiantes, desde los niveles

---

[53] Ibid. p. 15

[54] León, G., Viña, S. (2017) La inteligencia artificial en la educación superior. Oportunidades y amenazas. *INNOVA Research Journal*. Vol. 2, No.8.1 pp. 412-422. Recuperado de http://revistas.uide.edu.ec/index.php/innova/article/view/399

[55] Concepto que enfatiza que la Inteligencia Artificial se desarrolla para mejorar las capacidades cognitivas de los humanos, y no para reemplazarlos.

educativos preescolar y básico, no sólo se oriente a enseñar el funcionamiento de los equipos, sino que se transite a la interacción dinámica, la comprensión y el aprendizaje de los principios que subyacen en funcionamiento de estos o su aplicación o el cómo transferir su conocimiento a la resolución de otras tareas o en otras situaciones.

En el marco de las economías del conocimiento, organismos supranacionales han emitido una serie de directivas y recomendaciones para formar al capital humano en un contexto donde se ha enfatizado el papel y el valor del conocimiento como el mayor vehículo para el desarrollo económico y donde el empleo reflexivo y crítico de la tecnología juega un rol importante. Ejemplo de ello es el documento *Key Competencies for a Successful Life and a Well-Functioning Society* de la Organización para la Cooperación y el Desarrollo Económico, aunque este marco data de 2006, es actual y existe paralelismo de las capacidades que ahí se identificaron como competencias clave, con las que se identifican en el marco *21st Century Skills* de la misma OCDE, pero se señala que estas últimas "*están más relacionadas con las necesidades de los modelos emergentes de desarrollo económico y social que con aquellas del siglo pasado al servicio del modo industrial de producción* y se definen como *aquellas habilidades y competencias necesarias para que los jóvenes sean trabajadores efectivos y ciudadanos de la sociedad del conocimiento*" del siglo XXI, además, se subraya que aunque en ocasiones los términos habilidades y competencias se usan de manera indistinta, en este marco se puntualiza que mientras una habilidad es la capacidad de realizar tareas y resolver problemas, la competencia es, con enfoque holístico[56]:

> la capacidad de aplicar los resultados del aprendizaje en

---

[56] OCDE (2009). 21st Century Skills and Competences for New Millennium Learners in OECD Countries Recuperado de: https://www.oecd-ilibrary.org/education/21st-century-skills-and-competences-for-new-millennium-learners-in-oecd-countries_218525261154;jsessionid=GZ74T68Fp-vS5g600FU-FVYN.ip-10-240-5-156

un determinado contexto (educación, trabajo, desarrollo personal o profesional). Una competencia no está limitada a elementos cognitivos (uso de la teoría, conceptos o conocimiento implícito), además abarca aspectos funcionales (habilidades técnicas), atributos interpersonales (habilidades sociales u organizativas) y valores éticos.

De acuerdo con la UNESCO, derivado del trabajo de Emily R. Lai y Michaela Viering (2012) para el *National Council on Measurement in Education* de Vancouver, organizaciones, asociaciones y consorcios, han definido y respaldado marcos de competencias/habilidades clave o centrales para el Siglo XXI utilizando diferentes enfoques, énfasis, grupos y terminologías, que parecen converger en un conjunto común de capacidades como: colaboración, comunicación, Alfabetización en las Tecnologías de Información y Comunicaciones (TIC) y competencias sociales y/o culturales (incluyendo la ciudadanía). La mayoría de esos marcos consideran la creatividad, el pensamiento crítico y la resolución de problemas. En los distintos marcos se reconoce que las TIC son el núcleo de las habilidades del siglo XXI, ya que por una parte son el argumento que justifica la necesidad de habilidades del siglo XXI y por otra la herramienta que apoya la adquisición y evaluación de estas habilidades[57,58].

En el segundo apartado del documento de la UNESCO (*Artificial Intelligence in Education: Challenges and Opportunities for Sustainable Development*), se reconoce el papel fundamental de la educación para preparar a los jóvenes o futura fuerza de trabajo para enfrentar los retos de los entornos con presencia de Inteligencia Artificial y se menciona que por ello muchos países han ido más allá de incluir en sus currículos las competencias básicas de las TIC, incorporando las competencias del Siglo XXI,

---

[57] Lai, E.R y Viering, M. (2012). Assessing 21st Century Skills: Integrating Research Findings. Recuperado de https://eric.ed.gov/?id=ED577778

[58] UNESCO (2013). Twenty first Skills. Recuperado de http://www.ibe.unesco.org/es/node/12124

las cuales le permitan al estudiante identificar y resolver problemas utilizando tecnologías, métodos y técnicas computacionales. Relacionado con lo anterior, se refiere que se desarrolló un Marco Global para Medir la Alfabetización Digital y que como parte de ese marco se definió un conjunto de áreas de competencia y competencias como[59]:

a) Fundamentos de hardware y software (encendido, carga de equipos, manejo de cuentas de usuario y configuración de privacidad)
b) Alfabetización informacional y de datos (navegación avanzada, evaluación y manejo de la información y el contenido).
c) Comunicación y colaboración (interactuar, compartir, colaborar a través de las tecnologías digitales)
d) Creación de contenido digital (desarrollar, integrar y reelaborar contenido digital, programar)
e) Seguridad
f) Solución de problemas (resolver problemas técnicos, identificar necesidades, aplicar tecnologías creativamente, pensamiento computacional) y
g) Competencias relacionadas con la profesión (conocimientos y habilidades requeridas para operar y diseñar hardware y software y sistemas de gestión del aprendizaje en un campo específico).

Por otra parte, en el contexto de las industrias 4.0 se identifican las siguientes características y demandas[60,61]:

---

[59] UNESCO. Artificial Intelligence in Education: Challenges and Opportunities for Sustainable Development. (2019). Op. Cit. pp. 18-19

[60] Basque Industry 4.0 (2014). Op. Cit.

[61] Xing, B. , Tshilidzi, M. (2017). Implications of the Fourth Industrial Age for Higher Education. *The thinker*. (73). Recuperado de https://ssrn.com/abstract=3225331

⇒ Se conjuntan las tecnologías y conceptos de las organizaciones basadas en cadenas de valor (personalización masiva).
⇒ Fusiona los avances de la revolución industrial (maquinaria, procesos, fábricas) con los de la revolución digital (internet, redes, sistemas).
⇒ El montaje en cadena nunca se repite, es único cada vez.
⇒ En este tipo de fábricas se instala hardware muy pequeño y miles de sensores personalizados para cada tarea y cada máquina. Las fallas se arreglan automáticamente y con una orden.
⇒ Se realizan copias digitales de productos y de la producción, cada producto inteligente tiene un gemelo digital donde se copian sus memorias completas, con información como cuándo falló; cómo se montó y lo que hizo cada día
⇒ Incluye el uso de inteligencia artificial con máquinas que "aprenden" bajo la tutela del operario y que a su vez le ofrecen apoyo a través de gafas interactivas como google glass.
⇒ Se usa la fabricación aditiva o por capas con impresoras 3D, en lugar de prototipos o moldes.
⇒ Aplican técnicas de Big Data para el procesamiento de grandes cantidades de información, procedentes de los procesos, sensores, etc.
⇒ Usan sistemas ciberfísicos, integrando la computación con los procesos físicos y viceversa. (Internet de las cosas, sistemas empotrados, redes, micro y nano electrónicos, sistemas inteligentes, nubes, tecnologías cognitivas y de aprendizaje, experiencia del usuario, interface humano-máquina).
⇒ Hay un control local, la fábrica se trae nuevamente al país de origen mientras que en el pasado se deslocalizaba en busca de mano de obra barata, evitando la fuga de talentos.
⇒ Hay comunicación en tiempo real, donde el usuario, desde la comodidad de su casa, ordena productos personalizados, se manufacturan de forma aditiva y el cliente recibe su orden en casa.

La inteligencia artificial (IA) y los sistemas ciberfísicos (CPS) son el impulso de la Cuarta Revolución industrial, en la cual el paradigma de producción cambiará de la producción centralización a la producción descentralización, asimismo, se caracterizará por la digitalización de los productos y servicios y la flexibilización en la combinación de los modelos de negocios y el acceso al cliente.

Por otro lado, varios países han comenzado a definir una serie de competencias bien definidas para desarrollar las capacidades necesarias para lidiar en un entorno potenciado por la inteligencia artificial, y el desarrollo de esas competencias comienzan desde el preescolar. La UNESCO reseña que en el caso del Reino Unido, la Royal Society en 2012 publicó un reporte que describía las deficiencias de la instrucción en informática, el informe describió que la instrucción sobre las TIC se dirigía simplemente a desarrollar habilidades básicas de alfabetización digital, como la capacidad para usar computadoras, y recomendó enfocarse en la tecnología de la información y las ciencias de la computación, además subrayó la importancia del CT y sus aplicaciones en los sistemas naturales y artificiales y el que las habilidades de CT también eran útiles y aplicables a dominios fuera de la informática. Con base en estos hallazgos, el Reino Unido rediseñó e implementó un nuevo currículum en computación en 2014, más orientado a fomentar la comprensión de los principios y conceptos fundamentales de la informática y sus aplicaciones, así como la capacidad de analizar problemas en términos computacionales y crear programas informáticos que los resolvieran, este currículum incorpora la computación como una materia adicional obligatoria[62,63] que se desarrolla en cuatro "etapas clave"[64] que van

---

[62] UNESCO. Artificial Intelligence in Education: Challenges and Opportunities for Sustainable Development. (2019). Op. Cit. pp. 20-21.

[63] Cabrera, J.M. (2017). Las Ciencias de la Computación en el currículo educativo. *Avances en Supervisión Educativa*, (27). https://doi.org/10.23824/ase.v0i27.584

[64] Etapas del sistema educativo estatal en Inglaterra, Gales, Irlanda del Norte y el Territorio Británico de Gibraltar que establece el conocimiento educativo que se espera de los estudiantes de ciertas edades.

desde los 5 hasta los 16 años de edad, cubriendo la educación obligatoria y considerando las capacidades que se ilustran en la siguiente figura[65]:

Etapa clave 1 (5 a 7 años)	Etapa clave 2 (7 a 11 años)	Etapa clave 3 (11 a 14 años)	Etapa clave 4 (14 a 16 años)
• Comprender qué son los algoritmos, cómo se implementan como programas en dispositivos digitales y que los programas se ejecutan siguiendo instrucciones precisas y no ambiguas. • Crear y depurar programas simples. • Usar el razonamiento lógico para predecir el comportamiento de programas simples. • Usar la tecnología a	• Diseñar, escribir y depurar programas que cumplan objetivos específicos, incluido el control o la simulación de sistemas físicos; resolver problemas descomponiéndolos en partes más pequeñas. • Usar secuencia, selección y repetición en programas; trabajar con variables y diversas formas de entrada y salida. • Usar el razonamiento lógico para explicar cómo funcionan algunos	• Diseñar, usar y evaluar abstracciones computacionales que modelan el estado y el comportamiento de problemas del mundo real y sistemas físicos. • Comprender varios algoritmos clave que reflejan el pensamiento computacional (por ejemplo, los de clasificación y búsqueda); usar el razonamiento lógico para comparar la utilidad de algoritmos	• Desarrollar su capacidad, creatividad y conocimiento en informática, medios digitales y tecnología de la información. • Desarrollar y aplicar sus habilidades analíticas, de resolución de problemas, de diseño y de pensamiento computacional. • Comprender cómo los cambios en la tecnología afectan la seguridad, incluidas

---

[65] Gobierno del Reino Unido. (2013). National curriculum in England: computing programmes of study Recuperado de https://www.gov.uk/government/publications/national-curriculum-in-england-computing-programmes-of-study/national-curriculum-in-england-computing-programmes-of-study

Etapa clave 1 (5 a 7 años)	Etapa clave 2 (7 a 11 años)	Etapa clave 3 (11 a 14 años)	Etapa clave 4 (14 a 16 años)
propósito para crear, organizar, almacenar, manipular y recuperar contenido digital. • Reconocer los usos comunes de la tecnología de la información más allá de la escuela. • Usar la tecnología de manera segura y respetuosa, manteniendo la información personal privada; identificar dónde acudir para obtener ayuda y asistencia cuando tengan inquietudes sobre el contenido o el contacto en Internet u otras tecnologías en línea	algoritmos simples y para detectar y corregir errores en algoritmos y programas. • Entender las redes de computadoras, incluyendo Internet; cómo pueden proporcionar múltiples servicios, como la World Wide Web, y las oportunidades que ofrecen para la comunicación y la colaboración. • Usar las tecnologías de búsqueda de manera efectiva, cómo se seleccionan y clasifican los resultados y discernir al evaluar el contenido digital. • Seleccionar, usar y combinar una variedad de software en una gama de dispositivos digitales para diseñar y crear	alternativos para el mismo problema. • Usar 2 o más lenguajes de programación, al menos uno de los cuales es textual, para resolver una variedad de problemas computacionales; hacer un uso adecuado de las estructuras de datos (por ejemplo, listas, tablas o matrices), diseñar y desarrollar programas modulares que utilicen procedimientos o funciones. • Entender la lógica booleana simple (por ejemplo, AND, OR y NOT) y algunos de sus usos en circuitos y programación; comprender cómo se pueden	nuevas formas de proteger su privacidad e identidad en línea, y cómo informar una serie de inquietudes.

Etapa clave 1 (5 a 7 años)	Etapa clave 2 (7 a 11 años)	Etapa clave 3 (11 a 14 años)	Etapa clave 4 (14 a 16 años)
	una variedad de programas, sistemas y contenidos que cumplan con objetivos determinados, incluida la recopilación, el análisis, la evaluación y la presentación de datos e información. • Utilizar la tecnología de manera segura, respetuosa y responsable; reconocer el comportamiento aceptable / inaceptable; identificar una serie de formas de informar inquietudes sobre el contenido y el contacto.	representar los números en binario y poder realizar operaciones simples en números binarios (por ejemplo, suma binaria y conversión entre binario y decimal). • Comprender los componentes de hardware y software que conforman los sistemas informáticos y cómo se comunican entre sí y con otros sistemas. • Comprender cómo se almacenan y ejecutan las instrucciones dentro de un sistema informático; comprender cómo los datos de varios tipos (incluidos texto, sonidos e imágenes) se pueden representar y	

Etapa clave 1 (5 a 7 años)	Etapa clave 2 (7 a 11 años)	Etapa clave 3 (11 a 14 años)	Etapa clave 4 (14 a 16 años)
		manipular digitalmente, en forma de dígitos binarios. • Emprender proyectos creativos que involucren la selección, el uso y la combinación de múltiples aplicaciones, preferiblemente en una variedad de dispositivos, para lograr objetivos desafiantes, que incluyen recopilar y analizar datos y satisfacer las necesidades de usuarios conocidos • Crear, reutilizar, revisar y reutilizar artefactos digitales para una audiencia determinada, con atención a la confiabilidad, el diseño y la usabilidad. • Comprender	

Etapa clave 1 (5 a 7 años)	Etapa clave 2 (7 a 11 años)	Etapa clave 3 (11 a 14 años)	Etapa clave 4 (14 a 16 años)
		una variedad de formas de usar la tecnología de manera segura, respetuosa, responsable y segura, incluida la protección de su identidad y privacidad en línea; reconocer contenido, contacto y conducta inapropiados, y saber cómo informar inquietudes.	

Figura 2: Etapas clave y capacidades a desarrollar por los estudiantes en el Currículum de Computación del Reino Unido. Gobierno del Reino Unido. 2013. National curriculum in England: computing programmes of study

Como puede advertirse, la complejidad de las competencias a desarrollar hace preguntarse cómo es que desde las instituciones educativas se podrá responder a este cambio, y a la vez necesidad. Entre los temas a analizar estarían la capacidad de abstracción[66]

---

[66] Jean Piaget definió la teoría de las etapas del desarrollo cognitivo en relación con el desarrollo de la capacidad de abstracción, así a mayor edad se desarrollan más capacidades de comprensión y ejecución y se va desarrollando la capacidad de abstracción. La etapa más avanzada de la clasificación de Piaget es denominada de razonamiento operacional formal, no obstante, de acuerdo con diversas investigaciones sólo entre un 30 y un 35% de los adolescentes alcanzan ese nivel. Jeff Kramer, profesor que ha impartido por 30 años Ciencias de la Computación e Ingeniería de Software en el Imperial College afirma que *"la única herramienta mental por medio de la cual un razonamiento muy finito*

requerida por los estudiantes para incorporar esos aprendizajes, la conciencia de los profesores de Ciencias y Matemática sobre la importancia de enriquecer su formación psicopedagógica, su comprensión sobre la importancia de desarrollar esa capacidad de abstracción en los estudiantes y cómo hacerlo, son sólo algunos ejemplos de los retos para habilitar a los jóvenes para poder participar en entornos digitales y potenciados por la Inteligencia Artificial. En el sitio web del Currículum Nacional del Reino Unido, se enfatiza el protagonismo del pensamiento computacional en computación refiriéndose que; "*A high-quality computing education equips pupils to use computational thinking and creativity to understand and change the world*"[67].

Otro de los países que refiere el documento de la UNESCO, ha echado a andar una iniciativa similar es Estonia, con el proyecto *ProgeTiger Programme* se pretende introducir la programación y la robótica en el currículum educativo, abarcando los niveles de preescolar, primaria y de educación vocacional[68]. El Programa ProgeTiger tiene tres ejes, dos de los cuales se relacionan directamente con el desarrollo de competencias relacionadas con la inteligencia artificial: Ciencias de la ingeniería, programación, robótica y electrónica; y tecnología de la información y las comunicaciones, que abarca la informática y las comunicaciones digitales[69].

---

puede cubrir una gran cantidad de casos se llama "abstracción"; como resultado, la explotación efectiva de sus poderes de abstracción debe considerarse como una de las actividades más vitales de un programador competente" y que a los estudiantes que solicitan estudiar informática se les debe hacer una prueba de capacidad de abstracción, y a los estudiantes que obtienen una mala calificación se les debe negar la admisión a la informática.

[67] Gobierno del Reino Unido. (2013). Op. Cit.

[68] Educación que prepara a las personas para trabajar como técnicos o como un oficio. La educación vocacional a veces se denomina educación vocacional o educación técnica.

[69] UNESCO. Artificial Intelligence in Education: Challenges and Opportunities for Sustainable Development. (2019). Op. Cit. pp. 21-22.

En el caso de América Latina, la UNESCO reseña que en Argentina, el ministro de Educación recientemente anunció la iniciativa aprender conectados, en donde uno de los componentes es integrar la programación y la robótica desde el preescolar hasta la escuela secundaria, en todas las escuelas, para 2019. En el plan de estudios, se especifican competencias específicas para cada edad, en cada nivel, para lograr finalmente la competencia en el uso de métodos y técnicas de computación (individual y colaborativamente) para resolver problemas[70].

En Singapur también se ha comenzado a introducir, desde las primeras experiencias escolares, el desarrollo de competencias de Pensamiento Computacional (CT). Ejemplo de ello es que en 2016, la Info-communications Media Development Authority (IMDA) del país lanzó el Programa PlayMaker, que introdujo robots en 160 centros preescolares para desarrollar el gusto y la competencia en robótica, programación y ciencias informáticas en los más pequeños. PlayMaker es parte de un movimiento más amplio, llamado CODE @ SG, para integrar la codificación y el CT en el sistema de educación formal de Singapur a través de clubes, competencias estudiantiles, programas de enriquecimiento y enfoques de aprendizaje gamificados. Otro país asiático que ha incorporado el CT a su currículum educativo es Malasia, además se distingue por la inclusión de Digital Maker Hub´s que funcionan como un taller o laboratorio con programa de aprendizaje estructurado, en los cuales los estudiantes tienen acceso a varias herramientas para crear y colaborar en proyectos de tecnología[71].

La UNESCO señala que los ejemplos anteriores son demostrativos pero no exhaustivos, y que existe un claro cambio del enfoque de la enseñanza y el aprendizaje para pasar de la alfabetización digital básica, a las habilidades de pensamiento de orden superior (computacional) y que si bien, desde hace ya tiempo se han integrado las competencias en TIC en los currículos educativos, y estas han abarcado desde la alfabetización digital básica hasta las

---

[70] Ibid

[71] Ibid

habilidades algorítmicas, la creciente presencia de la IA demanda la necesidad de operacionalizar las "competencias de las TIC" como algo más que la alfabetización digital, para lo cual el Pensamiento Computacional (CT, por sus siglas en inglés) se vuelve crítico. Asimismo, señala que el común denominador de las iniciativas descritas, es que la instrucción relacionada con el CT inicia desde la educación temprana y la adquisición de las habilidades de CT son un proceso acumulativo, que se sucede con el desarrollo gradual de competencias específicas, bien definidas, que los estudiantes deben desarrollar a medida que avanzan en su trayecto formativo.

Con relación a las competencias que los profesores deben desarrollar para enseñar en un contexto donde la sociedad del conocimiento y la 4RI confluyen, se refiere que en 2011 la UNESCO, con la asesoría de ISTE, Cisco, Intel y Microsoft desarrolló el Marco de Competencia de las Tecnologías de la Información y la Comunicación para Docentes (ICT-CFT) que especifica competencias para integrar en la práctica docente el desarrollo del conocimiento crítico y la conciencia en los estudiantes en la era digital[72,73], este marco se actualizó en 2018 y comprende tres etapas sucesivas y seis aspectos prioritarios para que la implementación de las TIC en el aula sea efectiva, la articulación de estas etapas y aspectos prioritarios se ilustra en la siguiente figura[74]:

	ADQUSICIÓN DEL CONOCIMIEN	PROFUNDIZACIÓN DEL CONOCIMIENTO	CREACIÓN DEL CONOCIMIEN

---

[72] Ibid. p. 18

[73] Bárcenas, J. y Domínguez, J.A. (2018). Construcción social de una cultura digital educativa: SOMECE 2018. Ed. Enrique Ruíz-Velazco Sánchez. p. 1351.

[74] UNESCO. ICT Competency Framework for Teachers harnessing Open Educational Resources. Recuperado de https://en.unesco.org/themes/ict-eduction/competency-framework-teachers-oer

	TO		TO
Comprensión de las TIC en la Educación	Comprensión de la política	Aplicación de la política	Innovación de la política
Currículum y evaluación	Conocimiento básico	Aplicación del conocimiento	Habilidades de la sociedad del conocimiento
Pedagogía	Enseñanza mejorada mediante las TIC	Solución de problemas complejos	Autogestión
Aplicación de competencias digitales	Aplicación	Infusión	Transformación
Organización y administración	Salón estándar	Grupos colaborativos	Organizaciones de aprendizaje
Desarrollo profesional docente	Alfabetización digital	Redes	El profesor como un innovador

Figura 3: Marco de Competencias Docentes TIC, definidos en el proyecto Marco de Competencia de las Tecnologías de la Información y la Comunicación para Docentes (ICT-CFT) de la UNESCO versión 3.

Otros referentes sobre las capacidades necesarias de los profesores en la era digital son el documento elaborado por la Universidad Javeriana con apoyo de la UNESCO denominado Competencias y estándares TIC desde la dimensión pedagógica de 2016, el cual describe un modelo propuesto de competencias y estándares en función de los niveles de apropiación de las TIC. La institución o el profesor pueden evaluar las prácticas y estrategias educativas con el uso de las TIC en relación con los estándares esperados y definir las necesidades de capacitación, apoyo y evaluación. Además, se refiere que en la Unión Europea se desarrolló el marco denominado Digicomp, el cual se organiza en cinco áreas de competencia que describen los componentes clave de las competencias digitales en cuatro niveles de competencia (base, intermedio, avanzado, altamente especializado): La alfabetización en información y datos, la comunicación y colaboración, la creación de contenidos digitales, la seguridad y la solución de problemas[75].

V.-La emergencia de la formación y capacitación en IA; estrategias desde la Educación Superior

Dada la emergencia de la formación y capacitación de capital humano para enfrentar los retos de los ecosistemas digitales potenciados con IA, otra de las vertientes es el trabajo de varios países tiene lugar en las universidades y la formación vocacional, como en Finlandia, que ha creado una plataforma para que el 1% de su población esté alfabetizada en Inteligencia Artificial rápidamente, Francia, que estableció un marco estratégico para la Inteligencia Artificial en donde la investigación y la formación de recursos humanos son clave, en donde se prevé: La creación de laboratorios de investigación para estudiar cómo la IA transforma el lugar de trabajo; mayores incentivos para que los investigadores de IA atraigan tanto talento nacional e internacional; y el desarrollo de programas de inteligencia artificial en la licenciatura, niveles de máster y doctorado, así como en los ámbitos técnico y educación vocacional o técnica y capacitación. Así como incrementar la colaboración entre la industria y la académica y forjar más asociaciones entre universidades y otros institutos de investigación, creando en efecto una red universitaria para estudios de

---

[75] UNESCO (2016). ICT STANDARDS AND COMPETENCIES from the pedagogical dimension: A perspective from levels of ICT adoption in teachers' education practice. Recuperado de http://www.unesco.org/new/fileadmin/MULTIMEDIA/FIELD/Santiago/pdf/ICT-Standards-and-competencies.pdf

Inteligencia Artificial[76].

Otro caso es el de Corea del Sur, con un Plan Maestro para preparar al país para la Cuarta Revolución Industrial y en el cual se pretende tener 5,000 nuevos graduados capacitados en IA cada año, a partir de 2020 y agregar 50,000 nuevos especialistas de IA a su grupo de talentos para 2030, así como proporcionar un apoyo de 10 años a los centros de investigación de primer nivel de las escuelas de posgrado que se han convertido en líderes en el desarrollo de TI inteligentes, y la provisión de recursos de investigación para la innovación y subsidios para la contratación de académicos y profesores a nivel internacional, abrir seis nuevas instituciones para graduar jóvenes en IA, el fortalecimiento de la colaboración industria-academia y la creación de becas para jóvenes que estudien en las áreas de Inteligencia Artificial[77].

Por su parte China, desde 2017, ha desarrollado un plan (*Next Generation Artificial Intelligence Plan*) para ser el centro de la innovación en IA en 2030 y acelerar el número de talentos de primer nivel en IA, mediante el desarrollo de las carreras de inteligencia artificial en la universidad, el aumento de la matrícula en los programas de maestría y doctorado en IA, e integrando el contenido de Inteligencia Artificial en el estudio de otras disciplinas, como matemáticas, biología, psicología, sociología y derecho, entre otras. Así como un programa internacional de capacitación en inteligencia artificial para universidades chinas, con el cual se pretende capacitar al menos a 500 maestros y 5,000 estudiantes en IA durante los próximos cinco años. El gobierno también ha invertido en la capacitación con el Ministerio de Educación colaborando con tres empresas de robótica para co-establecer 10 centros públicos de capacitación vocacional y 90 centros de capacitación vocacional dentro de las escuelas técnicas

---

[76] UNESCO. Artificial Intelligence in Education: Challenges and Opportunities for Sustainable Development. (2019). Op. Cit. pp. 22-24.

[77] Ibid

chinas para 2020[78].

Por otro lado, en abril de 2014, ingenieros de la asociación de ingenieros alemanes y de la Sociedad Americana de Ingenieros Mecánicos se reunieron para analizar el impacto de las innovaciones de la industria 4.0 en el rol de los humanos en el futuro de la manufactura, identificar retos y emitir recomendaciones e iniciativas sobre cómo preparar a la fuerza laboral para los cambios que tendrán lugar en sus ambientes de trabajo en el futuro. Los hallazgos de su trabajo fueron publicados en abril de 2015 y en estos se refiere que la presencia de tecnologías como la robótica avanzada, fabricación aditiva y fabricación digital, incrementan la importancia de la gestión de información y procesos y el uso de las plataformas inteligentes. En este escenario de manufactura de alta tecnología, la mano de obra calificada, con experiencia para trabajar con nuevos materiales, máquinas, analizar los datos recibidos de diferentes sensores, con información será indispensable. En el documento también se refiere que en Alemania y Estados Unidos, los gobiernos, las universidades y la industria se han unido para colaborar en los esfuerzos de capacitación laboral y desarrollo del "pool" potencial de talento. Según este conglomerado de ingenieros hay cuatro categorías de factores que tendrán y tienen gran influencia en el factor humano y cambiarán fundamentalmente la fábrica en el futuro: las herramientas y las tecnologías, la organización y su estructura, el entorno de trabajo y la cooperación intraorganizacional e interinstitucional [79].

En el documento se describen diferentes programas e iniciativas que existen en la actualidad en Estados Unidos y Alemania y que sirven para preparar la educación para las necesidades del futuro. Desde la escuela primaria y secundaria se les proporciona a los

---

[78] Ibid

[79] ASME, VDI. (2015). A Discussion of Qualifications and Skills in the Factory of the Future. Recuperado de http://www.vdi.eu/fileadmin/vdi_de/redakteur/karriere_bilder/VDI-ASME__2015__White_Paper_final.pdf

estudiantes educación fundamental sobre ciencia, tecnología, ingeniería y matemática (STEM, por sus siglas en inglés) para que los estudiantes comprendan los principios técnicos familiarizarse con futuras oportunidades de desarrollo de carrera, a la vez que se genera interés por estas áreas. Los contenidos STEM son profundizados en los programas de especialización en la educación superior, además se ponen en marcha programas especiales, como campamentos, intercambios para los maestros y administradores escolares, programas de matemáticas y la asociación de ciencia, diseñados para mejorar los conocimientos de los docentes. También se han establecidos redes de estudiantes, maestros, padres de familia y empresas con la misión de mejorar la calidad y los resultados de la enseñanza y el aprendizaje[80].

Por otra parte, debido a la continua actualización de las disciplinas STEM, requiere reajustes rápidos de los planes de estudio, por lo que estos deben ser flexibles, aún en la educación primaria y secundaria. Otro aspecto que resalta el reporte es que la transición de la escuela al desarrollo de capacidades técnicas y profesionales para integrarse a la fuerza de trabajo, en Alemania se favorece a través del sistema denominado dual que proporciona educación y formación profesional dividiendo el tiempo entre la escuela y una empresa participante. Por la influencia y ritmo de desarrollo tecnológico y sus posibilidades los cursos de ciencias de la computación son obligatorios. Las prácticas escolares, deben realizarse en el nivel secundaria y deben ajustarse a las cualificaciones y competencias de las industrias. También se recomienda que las empresas manufactureras y las escuelas desarrollen programas de prácticas conjuntamente, asimismo, la puesta en marcha de escuelas de verano y excursiones a las plantas de fabricación u otras instalaciones científicas a los estudiantes de grados iniciales, para exponer el público más joven de lo que la fabricación puede ofrecer en términos de empleo. También se recomienda incluir cursos sobre robótica y comprensión y

---

[80] Ibid

habilidades de programación para manejar robots[81].

Para el nivel superior, se sugiere fortalecer la colaboración entre las empresas y los estudiantes, conociendo y desarrollando proyectos de investigación conjuntos, así como fortalecer las pasantías, para que el estudiante conozca los procesos y funciones. Otras recomendaciones que no resultaron muy eficaces por el grupo de ingenieros, pero que pueden realizarse con los programas de mentores de ingeniería, los cursos online abiertos masivos (MOOC) para trabajadores avanzados. Por último, sobre los cambios que serán demandados en la educación superior, entre las temáticas que se necesitarán para integrarse plenamente a la industria 4.0, en la Universidad se identifican[82]:

⇒ Normas y estándares en tecnología de la comunicación para una nueva logística de producción y la infraestructura de producción.
⇒ Temas de Seguridad y Vigilancia.
⇒ Especialistas para la interacción hombre-máquina.
⇒ Modelado de los sistemas técnicos usando tecnología de la información.
⇒ Interacción entre el mundo real y lo digital, basada en modelos, ingeniería mecatrónica.
⇒ Control y seguimiento de los procesos de fabricación con la ayuda de sistemas de producción virtuales.
⇒ Metas de producción que influyen (situacional y dependiente del contexto).
⇒ Operación de TI basados en sistemas de asistencia.
⇒ Mantenimiento remoto y control remoto de las líneas de producción.
⇒ Programa de estudios de pregrado compactado complementado con la práctica empresarial.
⇒ Habilidades interdisciplinarias.

---

[81] Ibid

[82] Ibid

⇒ Nuevos enfoques para el trabajo relacionado con el conocimiento y adquisición de habilidades.
⇒ Desarrollo de técnicas de aprendizaje digitales y medios digitales (e-learning).

En el caso de México, en el Plan Nacional de Desarrollo del sexenio pasado se formularon una serie de ejes, estrategias y líneas de acción para hacer del conocimiento y su aplicación en el sector secundario y su articulación entre los diferentes ámbitos, un factor importante del crecimiento económico, es decir se pretendía hacer del desarrollo científico, tecnológico y la innovación pilares para el progreso económico y social sostenible, entre estas orientaciones se identificaban aquellas relacionadas con la educación[83]:

1. Definir estándares curriculares que describan con claridad lo que deben aprender los alumnos del Sistema Educativo, y que tomen en cuenta las diversas realidades del entorno escolar, incluyendo los derivados de la transición demográfica.
2. Impulsar a través de los planes y programas de estudio de la educación media superior y superior, la construcción de una cultura emprendedora.
3. Fomentar desde la educación básica los conocimientos, las habilidades y las aptitudes que estimulen la investigación y la innovación científica y tecnológica.
4. Fortalecer la educación para el trabajo, dando prioridad al desarrollo de programas educativos flexibles y con salidas laterales o intermedias, como las carreras técnicas y vocacionales.
5. Impulsar programas de posgrado conjuntos con instituciones extranjeras de educación superior en áreas prioritarias para el país.
6. Crear un programa de estadías de estudiantes y profesores en instituciones extranjeras de educación superior.

---

[83] Gobierno Federal (2013). Plan Nacional de Desarrollo 2013-2018. Recuperado de https://issuu.com/paulman0/docs/pnd_2013-2018_fa530a7f1bbf29

7. Intensificar el uso de herramientas de innovación tecnológica en todos los niveles del Sistema Educativo.
8. Promover la inversión en Ciencia, Tecnología e Innovación que realizan las instituciones públicas de educación superior.
9. Promover la participación de estudiantes e investigadores mexicanos en la comunidad global del conocimiento.
10. Fomentar la formación de recursos humanos de alto nivel, asociados a las necesidades de desarrollo de las entidades federativas de acuerdo con sus vocaciones.
11. Promover la vinculación entre las instituciones de educación superior y centros de investigación con los sectores público, social y privado.
12. Desarrollar programas específicos de fomento a la vinculación y la creación de unidades sustentables de vinculación y transferencia de conocimiento.
13. Promover el desarrollo emprendedor de las instituciones de educación superior y los centros de investigación, con el fin de fomentar la innovación tecnológica y el autoempleo entre los jóvenes.
14. Incentivar, impulsar y simplificar el registro de la propiedad intelectual entre las instituciones de educación superior, centros de investigación y la comunidad científica.
15. Fortalecer la infraestructura de las instituciones públicas de investigación científica y tecnológica, a nivel estatal y regional.
16. Enfocar el esfuerzo educativo y de capacitación para el trabajo, con el propósito de incrementar la calidad del capital humano y vincularlo estrechamente con el sector productivo.
17. Fomentar la adquisición de capacidades básicas, incluyendo el manejo de otros idiomas, para incorporarse a un mercado laboral competitivo a nivel global.
18. Fortalecer las capacidades institucionales de vinculación de los planteles de nivel medio superior y superior con el sector productivo, y alentar la revisión permanente de la oferta educativa.

19. Impulsar el establecimiento de consejos institucionales de vinculación.
20. Establecer un sistema de seguimiento de egresados del nivel medio superior y superior, y realizar estudios de detección de necesidades de los sectores empleadores.
21. Impulsar la creación de carreras, licenciaturas y posgrados con pertinencia local, regional y nacional.

Además, en 2017 la OCDE publicó su reporte *Diagnóstico de la OCDE sobre la estrategia de competencias, destrezas y habilidades de México 2017*, en el que se analizaron las condiciones del país para la alineación y articulación entre las competencias ofertadas por el sistema educativo mexicano y las competencias demandadas por el mercado laboral[84], es decir se inició la discusión sobre la puesta en marcha de una estrategia de competencias. Por otro lado, desde la Secretaría de Educación Pública, se emitieron los documentos del Modelo Educativo para la educación obligatoria, que en ese entonces comprendía hasta el nivel medio superior, y el documento del Plan y Programas de estudio para la educación básica, en el planteamiento curricular se plasmó un perfil de egreso que indica la progresión de lo aprendido desde el preescolar hasta el bachillerato y se introdujeron las directrices del nuevo currículo de la educación básica, que se concentra en el desarrollo de aprendizajes clave, o aquellos que contribuyen al desarrollo integral de los estudiantes y que les permiten aprender a lo largo de la vida. El perfil de egreso de la educación obligatoria está organizado en los once ámbitos que se listan a continuación y que muestran paralelismo con los marcos de las competencias clave, las competencias para el Siglo XXI y otros[85,86]:

---

[84] OCDE (2017). Diagnóstico de la OCDE sobre la estrategia de competencias, destrezas y habilidades de México. Recuperado de https://www.oecd.org/mexico/Diagnostico-de-la-OCDE-sobre-la-Estrategia-de-Competencias-Destrezas-y-Habilidades-de-Mexico-Resumen-Ejecutivo.pdf

[85] Gobierno de México (2017). Modelo Educativo para educación obligatoria. Recuperado de

1. Lenguaje y comunicación
2. Pensamiento matemático
3. Exploración y comprensión del mundo natural y social
4. Pensamiento crítico y solución de problemas
5. Habilidades socioemocionales y proyecto de vida
6. Colaboración y trabajo en equipo
7. Convivencia y ciudadanía
8. Apreciación y expresión artísticas
9. Atención al cuerpo y la salud
10. Cuidado del ambiente
11. Habilidades digitales

El desempeño que se busca que los alumnos logren en cada ámbito, al egreso de la educación obligatoria, se describe con cuatro rasgos, uno para cada nivel educativo, estos se enuncia como aprendizajes esperados. Las competencias básicas de la ciencia, tecnología, ingeniería y matemáticas, fueron homologadas con las que propone Global STEM Alliance considerando los rasgos del Perfil de Egreso de la Educación Obligatoria del Sistema Educativo Nacional. Estas son[87]:

1. Pensamiento Crítico/ Creatividad/ Resolución de Problemas: Desarrolla el pensamiento crítico y resuelve problemas con creatividad.
2. Resolución de problemas: Fortalece su pensamiento matemático.

---

http://media.educacioncampeche.gob.mx/file/file_a36334cd9aebe41e1197b4a403da9741.pdf

[86] Gobierno de México (2018). Plan y programas de estudio para la educación básica. Recuperado de https://www.tamaulipas.gob.mx/educacion/wp-content/uploads/sites/3/2017/07/aprendizajes_clave_para_la_educacion_integral.pdf

[87] Alianza para la Promoción de STEM (2019). Visión STEM para México. Recuperado de http://www.cce.org.mx/wp-content/uploads/2019/01/Visio%CC%81n-STEM.pdf

3. Alfabetización de datos: Gusta de explorar y comprender el mundo natural y social / Muestra responsabilidad por el ambiente / Cuida su cuerpo y evita conductas de riesgo.
4. Comunicación: Se comunica con confianza y eficacia.
5. Colaboración: Tiene iniciativa y favorece la colaboración.
6. Alfabetización digital y Ciencias Computacionales.

Para evaluar el grado de dominio de las competencias del Global STEM Alliance homologadas con el Modelo Educativo de México se utiliza una rúbrica que retoma los rasgos del perfil de egreso de cada nivel educativo.

Si bien con la alternancia en el Gobierno Federal, la derogación de la Reforma Educativa, los recortes hechos a las instituciones de Ciencia y Tecnología y educativas y la revisión del Plan Nacional de Desarrollo del Gobierno actual, parece no haber una visión clara que considere los escenarios, retos y estrategias que para participar en condiciones favorables en la 4RI y el contexto que imponen los desarrollos tecnológicos como las aplicaciones de Inteligencia Artificial, los marcos y las orientaciones que se describieron anteriormente, sin lugar a dudas deberán ser contempladas en los currículos educativos, a nivel superior se espera que continúen las acreditaciones de los programas educativos y con ello los instrumentos con indicadores de calidad, además iniciativas como la denominada Industria 4.0 de la ANUIES y Visión STEM México, elaborada por la Iniciativa Privada, a través de sus Cámaras Empresariales y en colaboración con organizaciones de la sociedad civil, deben tenerse en cuenta. También tendrá que formularse una estrategia para fortalecer el vínculo entre los actores relacionados con el desarrollo de la ciencia y la tecnología, y las actividades del sector empresarial, ya que esa relación debe ser especialmente fortalecida e históricamente, el sector empresarial contribuye poco a la inversión en investigación y desarrollo, situación contraria a la de otros países miembros de la OCDE, donde este sector aporta más del 50% de la inversión total en este rubro (Gobierno Federal, 2013)[88], esto puede deberse, a que

---

[88] Gobierno Federal (2013) Op. Cit.

como se identifica en artículo *SIEMENS y su apuesta por la industria 4.0* (2015), el modelo de negocios mexicano está más orientado a la manufactura y la renuencia de los empresarios mexicanos a invertir en activos intangibles como investigación y desarrollo[89].

VI.-Pensamiento Computacional (CT), Educación STEM; competencias y enfoques de la formación para prosperar en un mundo potenciado por la Inteligencia Artificial.

Un modelo educativo que atienda las necesidades y demandas para enfrentar entornos digitales con aplicaciones de IA, requerirá la participación de especialistas de todos los campos disciplinares para determinar cuáles deben ser los ejes o elementos estructurantes más adecuados para que el modelo responda a los escenarios que se tendrán proyectados, promover el progreso científico y tecnológico orientado a las demandas del sector productivo e incrementar las oportunidades y acceso de la sociedad a los beneficios de los entornos digitales y aumentar la participación y competitividad de México en el mercado mundial. Asimismo, precisa mecanismos y sistemas de implantación, sistematización, seguimiento y evaluación, así como el soporte institucional para que se instrumente al nivel de los planes y programas de estudios. De otra forma los esfuerzos estarán desarticulados y no producirán el impacto deseado, debe conocerse cómo articular todos los componentes y estructuras institucionales para lograr los objetivos planteados, desde el modelo educativo, hasta los planes de clase. En los modelos pedagógico y académico se debe incluir un componente que considere los enfoques, marcos teóricos y métodos que permitan operacionalizar las propuestas para la formación en STEM en general y en entornos con aplicaciones de IA en particular, como son el Pensamiento

---

[89] Alto nivel (2015). Siemens y su apuesta por la Industria 4.0. Recuperado en https://www.altonivel.com.mx/empresas/negocios/51637-siemens-apuesta-por-la-manufactura-inteligente/ .

Computacional, la Educación y metodología STEM, que ya forman parte del currículo nacional en países como el Reino Unido.

En el documento de la UNESCO sobre los retos y oportunidades de la IA en la educación, se refiere que la Comisión Europea aplicó una encuesta en la que se encontró que los miembros de la Unión Europea se encuentran en diferentes etapas de integración del CT en sus currículos, pero que todos esos países han comenzado a trabajar en ello. De esa encuesta, se caracterizaron tres grupos en términos de la integración del CT; países que han comenzado la evaluación y rediseño de su currículo en los últimos tres a cinco años (Reino Unido, Francia, Italia, Portugal y Finlandia), países que están introduciendo el CT en su currículum (Grecia, Suecia, Noruega y la República Checa) y países que tienen una larga tradición en la educación en ciencias de la computación, particularmente en secundaria (Austria, Polonia y Lituania). Lo anterior, de acuerdo con la UNESCO, demuestra el reconocimiento universal del CT en los programas educativos en la Unión Europea. El Pensamiento Computacional (CT)[90] entonces, es una competencia clave para que los estudiantes se desarrollen en un entorno potenciado por la Inteligencia Artificial. En 2011, *The Computer Science Teachers Association* de Estados Unidos definió el CT como un proceso de resolución de problemas que posee las

---

[90] El término Pensamiento Computacional fue inspirado en los trabajos de Seymour Papert, quien fue discípulo de Jean Piaget y formuló la teoría de aprendizaje construccionista, fue impulsor de la programación para niños y creador del lenguaje Logo, además de fundador, junto con Marvin Minski del Instituto de Inteligencia Artificial del Instituto Tecnológico de Massachusstes. Existe imprecisión en la atribución del término, algunos teóricos refieren que fue el propio Papert quien lo utilizó primero en su publicación de 1980 Mindstorms, mientras otros se lo atribuyen a Jeannette Wing, ex vicepresidente de Microsoft Research, quien en la publicación "Pensamiento Computacional" definía a este tipo de pensamiento como una actitud y un conjunto de habilidades universalmente aplicables, que todos, y no sólo los programadores, pueden aprender y usar.

siguientes características[91]:

⇒ Formular problemas de una manera que se utilice la computadora y otras herramientas para ayudar a resolverlos.
⇒ Organizar y analizar datos lógicamente.
⇒ Representar los datos a través de abstracciones como son los modelos y las simulaciones.
⇒ Soluciones automatizadas a través del pensamiento algorítmico (una serie de pasos ordenados).
⇒ Identificar, analizar e implementar posibles soluciones con el objetivo de lograr la combinación más eficiente y efectiva de pasos y recursos.
⇒ Generalizar y transferir este proceso de resolución de problemas a una amplia variedad de problemas.

En el documento *Computational Thinking; a guide for teachers* de la organización *Computing at school* del Reino Unido, se define al pensamiento computacional (CT, por sus siglas en inglés) como: *"…los procesos de pensamiento involucrados en la formulación de problemas y sus soluciones para que las soluciones se representen de una forma que pueda ser efectivamente ejecutada por un agente de procesamiento de información"* [92]. En donde se puntualiza que estas soluciones pueden ser realizadas por cualquier agente de procesamiento, ya sea humano, computador o una combinación de ambos[93].

El pensamiento computacional (CT) se ha utilizado como un término para definir el pensamiento algorítmico en contextos de

---

[91] UNESCO. Artificial Intelligence in Education: Challenges and Opportunities for Sustainable Development. (2019). Op. Cit. p. 20.

[92] Wing, J. (2011) Research Notebook: Computational Thinking - What and Why? The Link. En Computing at school. Computational thinking; A guide for teachers. Recuperado de https://community.computingatschool.org.uk/resources/2324/single

[93] Ibid

ciencias informáticas, pero este tipo de pensamiento se puede asignar a la resolución de problemas en casi cualquier dominio STEM y aunque el CT pertenece al dominio de las ciencias de la computación, puede encontrar aplicaciones en otras disciplinas y se identifica como una competencia crucial para que los estudiantes hagan frente a las cambiantes demandas del mercado laboral por la tendencia de la creciente presencia de la IA en los lugares de trabajo. CT es un enfoque para resolver problemas, diseñar sistemas y comprender el comportamiento humano que se basa en conceptos fundamentales para la computación, se espera que los estudiantes en las aulas STEM se involucren en habilidades de pensamiento computacional (CT), como descomponer problemas, probar soluciones y la evaluación crítica de los procesos de toma de decisiones, tal como lo haría un científico informático para el desarrollo de software.

De acuerdo con la organización afiliada de la British Computer Society, Chartered Institute for IT, *Computing at School*, comunidad de práctica a través de la cual los instructores de informática y computación pueden compartir ideas y recursos, el pensamiento computacional es un proceso cognitivo o de pensamiento que implica el razonamiento lógico mediante el cual se resuelven los problemas y se comprenden mejor los artefactos, procedimientos y sistemas. Abarca[94]:

⇒ Pensar algorítmicamente. Pensar en términos de secuencias y reglas como una forma de resolver problemas.
⇒ Descomposición. Es una forma de pensar los artefactos en términos de sus partes. Las partes se pueden entender, resolver, desarrollar y evaluar por separado.
⇒ Generalizar, identificando y haciendo uso de patrones. Es una forma de resolver nuevos problemas basándose en soluciones de problemas anteriores. Implica identificar y explotar patrones.
⇒ Abstracción. Es el proceso de hacer que un artefacto sea más comprensible ocultando detalles.

---

[94] Ibid

⇒ Evaluación. El proceso de asegurar que una solución es buena o adecuada para un propósito.

Cada uno de estos conceptos asociados con el pensamiento computacional se identifica con distintos comportamientos de los alumnos que se pueden observar en el aula y que servirán para evidenciar y evaluar su desempeño.

En el documento, *La enseñanza de programación en los centros escolares del Reino Unido*, publicado en 2018 por el Instituto Nacional de Tecnologías Educativas y de Formación del Profesorado (INTEF) del Gobierno Español, refiere que los docentes pueden emplear pedagogías "desconectadas" o "desenchufadas" con enfoque constructivista para enseñar pensamiento computacional, las cuales consisten en enseñar los principios y conceptos sin computadoras, por ejemplo, a través de las analogías, juego de roles de procesos computacionales, actividades kinestésicas, acertijos, que hacen que los conceptos abstractos e intangibles sean concretos y físicos, ya que al representar las ideas abstractas con entidades físicas es más fácil explorar, manipular, hacer preguntas y entender[95].

Además, una investigación relativa al marco pedagógico para el Pensamiento Computacional, financiada por el Consejo de Investigación de Ciencias Sociales y Humanidades de Canadá (2017) y sustentada en el construccionismo de Papert y el constructivismo sociocultural de Vygotsky, sugiere que además de las pedagogías desenchufadas, también se deben incluir experiencias de *Tinkering* o de modificación de objetos, que pueden ser bloques de construcción, rompecabezas, simulaciones digitales o electrónicas, código de programación, etc. los estudiantes no construyen un objeto, digital o de otro tipo, sino que exploran los cambios en los objetos existentes y luego consideran

---

[95] INTEFM (2018). La enseñanza de programación en los centros escolares del Reino Unido. Recuperado de https://intef.es/wp-content/uploads/2018/04/Informe_INTEF_After_the_reboot_Computing_Education_Abril_2018.pdf

las implicaciones de los cambios, la aplicación, la simulación y la resolución de problemas son los focos de estas actividades, es decir se trata de responder a la pregunta ¿qué sucede sí...?. También se sugiere el *Hacer*; ya que Papert describió que el aprendizaje consistía en construir un conjunto de materiales y herramientas que uno puede manejar y manipular, se constryen objetos totalmente en lugar de objetos pre-existentes, estas experiencias requieren conocimientos profundos y se les pide a los estudiantes resolver problemas, planificar, seleccionar herramientas, reflexionar y hacer conexiones y establecer las relaciones entre los conceptos y los objetos. Lo anterior implica crear prototipos y realizar pruebas. También se puede emplear la programación de computadoras. Por último, sugieren incluir *remixing, hacking* o *digital sampling*, estas experiencias se refieren a la apropiación de objetos o componentes de objetos para su uso en otros objetos o para otros fines, esto requiere un nivel de competencia alto para identificar un objeto utilizable y luego adaptarlo y modificarlo para adaptarse a nuevos propósitos, es la tarea más cognitivamente más demandante y conlleva a un avance sustancial de una zona de desarrollo próximo[96]. Si bien, estas experiencias de enseñanza y otras similares se han llevado a cabo por años en instituciones como el Instituto Tecnológico de Massachusetts o el Instituto Tecnológico de Monterrey, en el contexto actual, resulta imperativo que se implementen, en diferentes niveles educativos y con urgencia en el nivel Superior en las disciplinas relacionadas con la innovación y el avance tecnológico y habilitar al personal docente para que ello sea posible.

Por otra parte, en México la iniciativa privada, a través de sus Cámaras Empresariales, en colaboración con organizaciones de la sociedad civil que se dedican a impulsar la educación en Ciencias, Tecnología, Ingeniería y Matemáticas (STEM) e instituciones educativas, apoyó la elaboración de un documento llamado *Visión STEM para México*, presentado en enero de este año y en el cual se

---

[96] Kotsopoulos, D. et. al. (2017). A Pedagogical Framework for Computational Thinking. *Digital Experiences in Mathematics Education* (3): https://doi.org/10.1007/s40751-017-0031-2

reflexiona y analiza sobre *"las mejores vías para encaminar la educación hacia metodologías ágiles y que generen competencias útiles para el futuro del alumnado"*[97]. Entre estas, la denominada educación con enfoque STEM, que se define como[98]:

> una tendencia mundial relacionada con el aprendizaje formal, no formal e informal. En la educación formal e informal, implica la inclusión en la currícula de prácticas y proyectos que abordan la Ciencia, Tecnología, Ingeniería y Matemáticas de manera interdisciplinaria, transdisciplinaria e integrada, con un enfoque vivencial y de aplicación de conocimientos para la resolución de problemas.

Una educación con ese enfoque permite a los estudiantes resolver problemas complejos haciendo uso de habilidades de orden superior, competencias de diversas disciplinas combinadas mediante procesos de enseñanza-aprendizaje de forma integrada en ambientes formales, no formales e informales, en diferentes contextos y situaciones. Es decir, les permite desarrollar las competencias clave descritas previamente y desenvolverse exitosamente en el Siglo XXI. También se refiere que es importante que los estudiantes lleven a cabo prácticas STEM desde pequeños y vayan complejizando sus competencias a lo largo de su formación académica y profesional.

Al integrar elementos de las diversas disciplinas STEM, como el razonamiento lógico, causal y deductivo en las matemáticas, el diseño y optimización de procesos en ingeniería, la indagación en las ciencias, así como el pensamiento computacional para resolver problemas, se va aprendiendo a seleccionar alguno de estos y a combinarlos para resolver problemas complejos, a ello le apuesta el enfoque de la Educación en STEM, los campos de estudio que componen STEM convergen entre sí y cuando esto sucede, se

---

[97] Alianza para la Promoción de STEM (2019). Visión STEM para México. Op Cit.

[98] Ibid

enriquecen entre sí.[99]. Lo anterior se ilustra en la siguiente figura[100]:

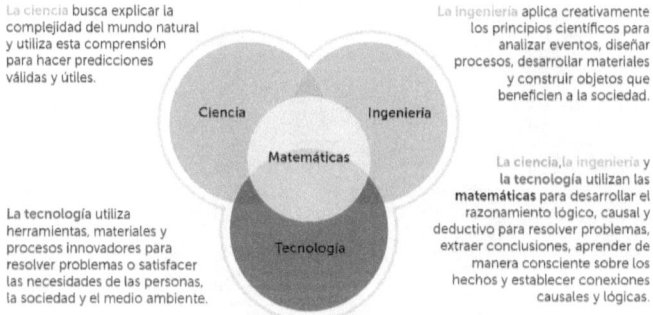

Figura 4. Educación STEM, convergencia y aportaciones de las disciplinas que la componen. Alianza para la Promoción de STEM (2019). Visión STEM para México.

Además, se señala que la Ciencia y la Matemática confluyen en las competencias claves para el siglo XXI y la Cuarta Revolución Industrial, pero que hay otras competencias necesarias para la práctica STEM, como las competencias lectoras y de arte[101]:

---

[99] Ibid

[100] Ibid

[101] Ibid

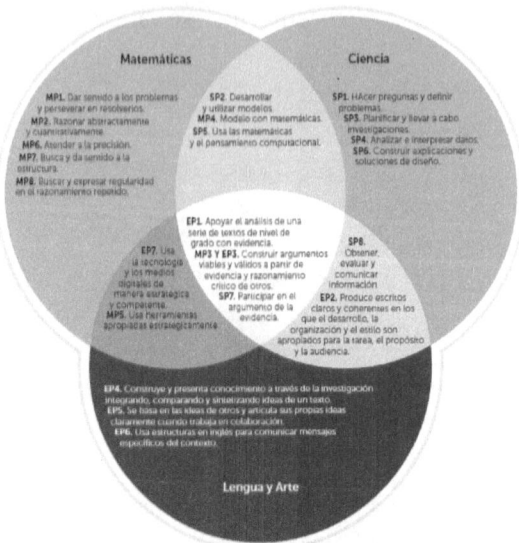

Figura 5. Convergencia de Competencias de Ciencia y Matemáticas con Lengua y Artes, de acuerdo con los estándares definidos por la National Science Teaching Association. Alianza para la Promoción de STEM (2019). Visión STEM para México.

Asimismo, se señala que las habilidades socioemocionales, aunque no aparecen en el diagrama anterior, junto con otras habilidades cognitivas habrán de formarse en el trayecto educativo y no sólo a través de las materias STEM. También se indica que se debe poner en marcha en aulas y escuelas principios pedagógicos que favorezcan la renovación de los ambientes de aprendizaje, propicien un aprendizaje activo, situado, autorregulado, dirigido a metas, colaborativo y que facilite los procesos sociales de conocimiento y de construcción de significado.

Para hacer frente a los retos de la integración de las prácticas STEM en el aula y promover el enfoque educativo STEM, AP STEM propone[102]:

---

[102] Ibid

1. Colaboración interdisciplinar y transdisciplinar, trabajando los campos de la Ciencia, la Tecnología, Ingeniería y matemática, las habilidades asociadas a esas disciplinas, en particular la indagación.
2. Un modelo pedagógico activo y constructivista (cognitivo y sociocultural).
3. La utilización de métodos de enseñanza activos, dinámicos y basados en un aprendizaje significativo, como la enseñanza activa, el aprendizaje por retos, el aprendizaje basado en preguntas, retos, problemas y proyectos (ABP) y el aprendizaje vivencial, en torno a un problema o proyecto, que favorece la construcción y organización del conocimiento considerando la experiencia propia a través de la reflexión, la elección de alternativas, la resolución de conflictos, la autorregulación, el trabajo en equipo, la detección de herramientas y apoyos, el respeto a las opiniones, entre otros.
4. Cada tema es abordado a partir de los conocimientos previos, los intereses y dudas
de los estudiantes, donde hay oportunidades para la interacción con materiales, audiovisuales, objetos virtuales de aprendizaje, donde se utilizan las tecnologías de la información.
5. El docente es un guía que ayuda a sus estudiantes de manera indirecta, mediante un feedback continuo
6. Considerar un proceso de enseñanza y aprendizaje con etapas bien definidas
    •Fase 1. Trabajando colaborativamente, los estudiantes se involucran activamente en una pregunta, evento o fenómeno de su comunidad. Conectan con lo que ya conocen o saben al respecto, las diferentes ideas crean disonancia y los motiva a aprender más.
    •Fase 2. Los y las estudiantes ponen a prueba sus ideas a través del diseño de investigaciones o actividades vivenciales; formulan y prueban sus hipótesis y generan una explicación inicial a partir de lo que observan.

- Fase 3. Los y las estudiantes analizan e interpretan datos, sintetizan sus ideas, construyen modelos para clarificar los conceptos y explicaciones con sus maestros y otras fuentes confiables de conocimiento científico y técnico.
- Fase 4. Los y las estudiantes aplican sus aprendizajes y nuevas habilidades a nuevas situaciones o problemas.
- Fase 5. Los estudiantes junto con sus maestros y maestras evalúan lo aprendido y cómo lo han aprendido favoreciendo una reflexión metacognitiva.

7. El empleo del modelo de las 5E, que involucra a los estudiantes en las prácticas científicas al guiarlos a través de cinco aspectos del aprendizaje de las ciencias: participar, explorar, explicar, elaborar y evaluar (engage, explore, explain, elaborate and evaluate).
8. Estrategias para que la evaluación se acerque a las demandas de la vida real, como el usar una amplia gama de materiales de la vida real, diseñar evaluaciones que incluyan diferentes contextos y situaciones, por tratarse de metodologías integradoras que verdaderamente llevan a la adquisición de competencias.
9. Una escuela abierta a la comunidad, en donde la enseñanza esté vinculada con los problemas reales y los retos que son cotidianos para los estudiantes. Es decir, se basa en la solución de problemas sociales reales.
10. Una mayor interacción con los sectores productivos, de investigación y recreación.
11. Aplicar el proceso de diseño de ingeniería (investigar, imaginar, planear, crear un prototipo, practicar y evaluar, mejorar e iterar y finalmente preguntar).
12. Utilizar con rigor las ciencias y las matemáticas y proponer el uso de la tecnología.
13. Desarrollar habilidades de lengua y comunicación, impulsando a plantear soluciones con una comunicación rápida, ágil y eficaz.
14. Una planeación didáctica articulada con las disciplinas STEM y otras.

15. Flexibilizar el sistema de adquisición de habilidades para adaptarse a los cambios vertiginosos y necesidades del mercado laboral.
16. Prepara a los niños, niñas, adolescentes y jóvenes para tener bases sólidas en STEM, descubrir sus talentos en estas áreas y con ello sentar las bases para orientarlos hacia la elección de carreras relacionadas con STEM y/o impactar positivamente en los logros de su plan de vida personal y profesional.

También, se toman elementos esenciales de la enseñanza basada en la indagación derivados de los estándares de Ciencia de los Estados Unidos:

1. Los estudiantes se involucran en el aprendizaje a partir de preguntas científicamente orientadas.
2. Los estudiantes dan prioridad a la evidencia, lo que les permite desarrollar y evaluar explicaciones alternativas a las preguntas planteadas.
3. Los estudiantes formulan explicaciones a partir de la evidencia.
4. Los estudiantes evalúan sus explicaciones a la luz de las explicaciones alternativas obtenidas por sus pares, reflejando un conocimiento científico de los hechos o fenómenos estudiados.
5. Los estudiantes comunican y justifican sus saberes a partir de los procedimientos utilizados y las conclusiones que ellos mismos han validado.

Además se señala que en cuanto a la innovación, deberá fortalecerse la vinculación de los sectores académico, empresarial y el mercado. Desde el sector público se requiere inversiones en investigación y desarrollo en las universidades, investigaciones publicadas y estrategias de desarrollo a lo largo de toda la vida; y en el sector privado requiere poner aún un mayor énfasis en el impulso de patentes, de investigación y desarrollo, se puntualiza entonces que es prioritario contar con una Educación en STEM de calidad alineada a la estrategia nacional de innovación, la de desarrollo e investigación. Además indica que sería deseable contar con espacios de formación no formal como talleres de ciencia y robótica, en donde los estudiantes pudieran desarrollar más competencias.

Además el consulado del Reino Unido desde 2016 imparte en México seminarios y programas de habilitación para la educación y la metodología STEM que "*busca mejorar el nivel de la enseñanza de STEM en Mexico, y promover el desarrollo del país a través de la ciencia y la tecnología*" actualmente el consulado del Reino Unido trabaja en coordinación con la Academia Mexicana de Ciencias[103].

VII.-A manera de conclusión, retos y oportunidades para las instituciones educativas en ecosistemas potenciados con IA

Parece no haber una visión clara que considere los escenarios, retos y estrategias que para participar en condiciones favorables en la 4RI y el contexto que imponen los desarrollos tecnológicos como las aplicaciones de Inteligencia Artificial, en el actual Gobierno de México, pero los marcos de competencias para los estudiantes y los profesores, así como los referentes pedagógicos y métodos y enfoques más adecuados para favorecer el desarrollo de la capacidad de abstracción, el pensamiento computacional (CT) y el desarrollo de las capacidades de innovación descritos en este capítulo, deben ser necesariamente incluidos y operados en los currículos escolares de las instituciones educativas, preferentemente desde los niveles iniciales. Uno de los retos mayúsculos para las instituciones educativas será alinear los modelos educativos y pedagógicos, los programas de formación docente y la vinculación con el sector empresarial y de desarrollo e

---

[103] British Council (2016). ¿Has escuchado sobre la metodología STEM?. Recuperado de https://www.britishcouncil.org.mx/%C2%BFhab%C3%ADas-escuchado-sobre-la-metodolog%C3%ADa-stem

innovación con el desarrollo de las competencias para el Siglo XXI. Desde el gobierno institucional es necesario y urgente formular y operar una estrategia para fortalecer el vínculo entre los actores relacionados con el desarrollo de la ciencia y la tecnología, y las actividades del sector empresarial, especialmente en los niveles Medio Superior y Superior, pero sobre todo habrá de verse la manera de favorecer el acceso a las oportunidades de formación de las y los estudiantes que sean capaces de interactuar, diseñar y crear tecnología de Inteligencia Artificial y cubrir las demandas de un mercado laboral en donde la presencia de esta se incrementará y en donde estarán las mayores oportunidades de empleo con los mejores salarios. Asimismo, es necesario aprovechar las necesidades que un entorno de producción con creciente automatización tiene, para diseñar y ofertar posgrados y cursos de educación continua y capacitación.

Referencias Bibliográficas

ADEXT AI (2018).19 Artificial Intelligence Technologies To Look For In 2019. En Sáenz Gallegos, M.L. Relación de las TICs y la profesión de Enfermería

ASME, VDI. (2015). A Discussion of Qualifications and Skills in the Factory of the Future. Recuperado de http://www.vdi.eu/fileadmin/vdi_de/redakteur/karriere_bilder/VDI-ASME__2015__White_Paper_final.pdf

ALIANZA PARA LA PROMOCIÓN de STEM (2019). Visión STEM para México. Recuperado de http://www.cce.org.mx/wp-content/uploads/2019/01/Visio%CC%81n-STEM.pdf

ALTO NIVEL (2015). Siemens y su apuesta por la Industria 4.0. Recuperado en https://www.altonivel.com.mx/empresas/negocios/51637-siemens-apuesta-por-la-manufactura-inteligente/

BÁRCENAS, J. y DOMÍNGUEZ, J.A. (2018). Construcción social de una cultura digital educativa: SOMECE 2018. Ed. Enrique Ruíz-Velazco Sánchez. p. 1351.

BASQUE INDUSTRY 4.0. (2014). Sistemas Ciberfísicos. Recuperado de http://es.slideshare.net/SPRICOMUNICA/basque-industry-40-sistemas-ciberfisicos

BRITISH COUNCIL (2016). ¿Has escuchado sobre la metodología STEM?. Recuperado de https://www.britishcouncil.org.mx/%C2%BFhab%C3%ADas-escuchado-sobre-la-metodolog%C3%ADa-stem

CABRERA, J.M. (2017). Las Ciencias de la Computación en el currículo educativo. Avances en Supervisión Educativa, (27). https://doi.org/10.23824/ase.v0i27.584

DA CUNHA LOPES, Teresa Maria Geraldes; SÁENZ GALLEGOS, María Luisa (Coords) (2018. La Caja de Pandora. Ensayos jurídico-político-pedagógicos sobre los retos de la Educación en el siglo XXI. Amazon Books/KDP

ESCUDERO, A. (2018). Redefinición del "aprendizaje en red" en la cuarta revolución industrial. Apertura. Ed. Universidad de Guadalajara. Volumen 10, número 1. Recuperado de http://www.udgvirtual.udg.mx/apertura/index.php/apertura/article/view/1140/893

GOBIERNO DEL REINO UNIDO. (2013). National curriculum in England: computing programmes of study Recuperado de https://www.gov.uk/government/publications/national-curriculum-in-england-computing-programmes-of-study/national-curriculum-in-england-computing-programmes-of-study

GOBIERNO FEDERAL (2013). Plan Nacional de Desarrollo 2013-2018. Recuperado de https://issuu.com/paulman0/docs/pnd_2013-2018_fa530a7f1bbf29

GOBIERNO DE MÉXICO (2017). Modelo Educativo para educación obligatoria. Recuperado de http://media.educacioncampeche.gob.mx/file/file_a36334cd9aebe41e1197b4a403da9741.pdf

GOBIERNO DE MÉXICO (2018). Plan y programas de estudio para la educación básica. Recuperado de https://www.tamaulipas.gob.mx/educacion/wp-content/uploads/sites/3/2017/07/aprendizajes_clave_para_la_educacion_integral.pdf

INTEFM (2018). La enseñanza de programación en los centros escolares del Reino Unido. Recuperado de https://intef.es/wp-content/uploads/2018/04/Informe_INTEF_After_the_reboot_Computing_Education_Abril_2018.pdf

KOTSOPOULOS, D. et. al. (2017). A Pedagogical Framework for Computational Thinking. Digital Experiences in Mathematics Education (3): https://doi.org/10.1007/s40751-017-0031-2

LAHOZ-BELTRA, R. (2004). BIOINFORMÁTICA, simulación, vida artificial e inteligencia artificial. Editorial Díaz de Santos

LAI, E.R y VIERING, M. (2012). Assessing 21st Century Skills: Integrating Research Findings. Recuperado de https://eric.ed.gov/?id=ED577778

LEÓN, G., VIÑA, S. (2017) La inteligencia artificial en la educación superior. Oportunidades y amenazas. INNOVA Research Journal. Vol. 2, No.8.1 pp. 412-422. Recuperado de http://revistas.uide.edu.ec/index.php/innova/article/view/399

OCDE (2009). 21st Century Skills and Competences for New Millennium Learners in OECD Countries Recuperado de: https://www.oecd-ilibrary.org/education/21st-century-skills-and-competences-for-new-millennium-learners-in-oecd-countries_218525261154;jsessionid=GZ74T68Fp-vS5g600FU-FVYN.ip-10-240-5-156

OCDE (2017). Diagnóstico de la OCDE sobre la estrategia de competencias, destrezas y habilidades de México. Recuperado de https://www.oecd.org/mexico/Diagnostico-de-la-OCDE-sobre-la-Estrategia-de-Competencias-Destrezas-y-Habilidades-de-Mexico-Resumen-Ejecutivo.pdf

UNESCO (2013). Twenty first Skills. Recuperado de http://www.ibe.unesco.org/es/node/12124

RUSSELL, S. ; NORVIG, Peter (2010). Inteligencia Artificial: Un enfoque Moderno. Recuperado de https://faculty.psau.edu.sa/filedownload/doc-7-pdf-a154ffbcec538a4161a406abf62f5b76-original.pdf

SÁENZ, M.L. "Relación de las TIC's y la Profesión de Enfermería". Auditorio de la Facultad de Enfermería. Octubre de 2018. 1er Congreso por el Aniversario de la facultad de Enfermería

UNESCO. ICT Competency Framework for Teachers harnessing Open Educational Resources. Recuperado de https://en.unesco.org/themes/ict-eduction/competency-framework-teachers-oer

UNESCO (2016). ICT STANDARDS AND COMPETENCIES from the pedagogical dimension: A perspective from levels of ICT adoption in teachers' education practice. Recuperado de http://www.unesco.org/new/fileadmin/MULTIMEDIA/FIELD/Santiago/pdf/ICT-Standards-and-competencies.pdf

UNESCO. Artificial Intelligence in Education: Challenges and Opportunities for Sustainable Development. (2019). Recuperado en https://unesdoc.unesco.org/ark:/48223/pf0000366994

WING, J. (2011) Research Notebook: Computational Thinking - What and Why? The Link. En Computing at school. Computational thinking; A guide for teachers. Recuperado de https://community.computingatschool.org.uk/resources/2324/single

XING, B. , TSHILIDZI, M. (2017). Implications of the Fourth Industrial Age for Higher Education. The thinker. (73). Recuperado de https://ssrn.com/abstract=3225331

CAPÍTULO 3

SOCIEDAD DE LA INFORMACIÓN Y FISCALIDAD: EL CASO DEL COMERCIO ELECTRÓNICO

INFORMATION SOCIETY AND TAXATION: THE CASE OF E-COMMERCE

Teresa Maria Geraldes Da Cunha Lopes
Martha Ochoa de León

RESUMEN : El empleo de las tecnologías de la información en las actividades comerciales ha dado lugar a importantes cambios, algunos de ellos de naturaleza jurídica. Y entre ellos adquieren gran importancia los relacionados con la fiscalidad, ya que el comercio electrónico genera un gran número de transacciones financieras susceptibles de tributación. En consecuencia, surgen nuevas manifestaciones de capacidad económica que colocan el problema del concepto funcional de soberanía y, al interior de este, cuestiones relacionadas con las competencias fiscales en materia de comercio electrónico. Tal obliga a buscar nuevas soluciones adaptadas a la naturaleza deslocalizada del comercio electrónico, tal como lo hizo la Unión Europea con la ya llamada "tasa Amazon". En el cuadro de esta ponencia, intentaremos realizar un estudio comparativo, a partir del contexto de la OCDE y de la Unión Europea, de soluciones pragmáticas y de normativas a los problemas colocados por la Fiscalidad del E-Comercio

Palabras Claves; Obligación Tributaria, Comercio Electrónico, Tasa Amazon

ABSTRACT: The use of information technology in business activities has led to significant changes, some of them legal in nature. And among them become important those related to taxation, as electronic commerce generates a large number of financial transactions which may result in taxation. Therefore, these new manifestations of economic online activities introduce the problem of the concept of "functional" sovereignty and several issues related to fiscal responsibility for e-commerce. Such forced us to analyze the new solutions adapted to the delocalized nature of electronic commerce, as did the European Union with the now called "Amazon rate". In this paper, we will try to make a comparative study, between Mexico and the European Union, seeking to clarify the pragmatic sollutions and regulatory problems placed by taxation of E-Commerce

Key Words; tax obligations, e-commerce, Amazon tax

Introducción

Las circunstancias en que las personas interactúan entre sí se han alterado dramáticamente desde la década de 1980 de manera que se han transnacionalizado las prácticas sociales, económicas, comerciales, políticas y fiscales. Estos cambios fueron introducidos por un conjunto de circunstancias en que las relaciones locales, nacionales y globales estimuladas por la invención de nuevas tecnologías de la comunicación crearon la creciente interdependencia económica y el desarrollo de nuevas estructuras transnacionales de comercio y de nuevos comportamientos de consumo en línea. Podemos afirmar que, hoy en día," el comercio electrónico está en todas partes, ofreciendo a los clientes productos nuevos y usados – y convirtiéndose en una fuerza a nivel mundial en los ámbitos de la logística y las ventas al por menor."[104]

El empleo de las tecnologías de la información en las actividades comerciales ha dado lugar a importantes cambios, algunos de ellos

---

[104] Spence, Michael, "La Lógica inexorable de la economía colaborativa", artículo de opinión publicado en Project Syndicate el 28 de septiembre 2015 y consultado en línea el 7 de septiembre 2016 en la dirección web

de naturaleza jurídica. Y entre ellos adquieren gran importancia los relacionados con la fiscalidad, ya que el comercio electrónico genera un gran número de transacciones financieras susceptibles de tributación.

En consecuencia, surgen nuevas manifestaciones de capacidad económica que colocan el problema del concepto funcional de soberanía y, al interior de este, cuestiones relacionadas con las competencias fiscales en materia de comercio electrónico. Tal obliga a buscar nuevas soluciones adaptadas a la naturaleza deslocalizada del comercio electrónico, tal como lo hizo la Unión Europea con la ya llamada "tasa Amazon", introducida por una nueva normativa "del Impuesto de Valor Añadido que obliga a todas las tiendas online a facturar este impuesto en el país de origen del comprador y no en el que se encuentre el prestador del servicio."[105]

Las contribuciones gravan manifestaciones de capacidad económica y es evidente que en los nuevos ambientes digitales y, en particular en el comercio electrónico (e-commerce) se producen hechos que pueden ser considerados como tales.

Podemos considerar, que entran dentro de la definición arriba propuesta: 1.- las transacciones entre empresas ("Business-to-Business", "B2B"); 2.– las transacciones entre empresas y consumidores finales ("Business-to-Consumer", "B2C")[106]; 3.– Las transacciones entre consumidores finales ("Consumer-to-Consumer", "C2C")[107]; 4.-las transacciones entre empresas y administraciones públicas ("Business-to-Government", "B2G").

---

[105] Ver artículo "Claves del nuevo IVA para el Comercio Electrónico ", publicado en el blog asesores de pymes el 28/01/2016 y consultado en línea el 29 de agosto 2020 en la dirección web http://asesoresdepymes.com/formacion-financiera-legal/claves-del-nuevo-iva-para-el-comercio-electronico/

[106] Por ejemplo, Amazon.

[107] Por ejemplo, subastas (Ebay).

Podemos, en consecuencia, colocar diversas cuestiones nodales, a las cuales intentaremos responder a lo largo de esta ponencia y que podemos resumir , de la siguiente manera: 1.-¿Hay alguna diferencia entre quien adquiere una mercancía por alguno de los métodos tradicionales y quien lo hace a través de Internet?, 2.- Desde el punto de vista tributario, 3.- ¿son distintas las rentas que pueden obtener un comerciante o un empresario cuando para conseguirlas se hace uso de redes de comunicación abiertas?

Evidentemente, la respuesta a las preguntas anteriores debe ser negativa, y a partir de ella nos encontraremos con problemas importantes. Si bien es cierto que el comercio electrónico no puede ser concebido como una fórmula fácil para defraudar, no lo es menos que en la práctica se plantean numerosos problemas que es preciso resolver.[108]

Para llegar a conclusiones válidas sobre estas cuestiones es conveniente referirse, en primer lugar, a los impuestos que gravan el comercio electrónico y, para tal consideramos que el enfoque comparativo es más productivo.

Por un lado, nos centraremos en los impuestos que, bajo la normatividad vigente en México, recaen sobre los ingresos: [109]Impuesto sobre la Renta de las Personas Físicas, [110]Impuesto sobre la Renta de los No Residentes en México, [111]el Impuesto sobre la Renta de las Personas Morales y por otro el [112]Impuesto

---

[108] Ver Da Cunha Lopes, T. y Martha Ochoa , " El Control de la Administración Tributaria sobre el Comercio Electrónico" in DBN, no. 4, Julio-Agosto 2007, consultado en línea el 11 agosto 2020 en la dirección web https://www.researchgate.net/publication/301607629_EL_CONTROL_DE_LA_ADMINISTRACION_TRIBUTARIA_SOBRE_EL_COMERCIO_ELECTRONICO

[109] ISR PF Titulo IV de la LISR 2020

[110] ISR NR Titulo V de la LISR 2020

[111] ISR PM Titulo II de la LISR 2020

[112] IVA Ley del IVA 2020

sobre el Valor Agregado que grava el consumo. Sin escamotear que en la contratación electrónica inciden también otras contribuciones, aunque en menor medida, y a las cuales nos referiremos brevemente.

Por otro lado, intentaremos, a partir de la aplicación del método comparativo con la Unión Europea, analizar las soluciones innovadoras que han permitido tasar a las transnacionales del comercio electrónico y proveedores de servicios en línea- a quienes llamaremos de grandes evasoras fiscales "seriales" - como Amazon y Google .

I.- Los problemas inherentes a la naturaleza específica del Comercio Electrónico (e-commerce)

En primera instancia debemos hacer referencia a las características específicas a la naturaleza de las transacciones por Internet, variables que, desde la óptica tributaria, impactan la masificación de las operaciones de comercio electrónico y de contratación online y, que, por ende, necesitan la creación de soluciones tributarias adecuadas a las nuevas posibilidades de expansión del e-commerce.

Esta variables son: [113] 1.-El incremento de la eficiencia empresarial a través del uso de las nuevas posibilidades de comunicación; 2.- La multiplicación de puntos de acceso en el tiempo y en el espacio (menores restricciones y deslocalización geográfica de los negocios); 3.- La digitalización de la actividad económica (ofrecimiento de servicios intangibles); 4.-La aparición de nuevos intermediarios; 5.- El incremento del valor del capital humano en las empresas y la introducción de las nuevas estructuras

---

[113] Retomamos , aquí, modificado y ampliado por las autoras de esta ponencia, el listado establecido por García Espinar, Eduardo ."Aspectos Fiscales de Internet: hacia una tributación transfronteriza" in Principios de Derecho de Internet/ García Mexia, Pablo (coord.) 2005 , editorial Tirant Lo Blanch (Indexado en DIALNET)

laborales[114] de la "nueva economía"[115] , 6.- La utilización generalizada de los idiomas con mayor penetración demográfica, entre los cuales se encuentra el castellano ; 7.- La creciente concentración de servicios virtuales en transaccionales como Amazon y/o Google que acaparan enormes cuotas del mercado online ; 8.-La paradoja de la globalización de la Economía que permite adaptaciones locales a mercados de escala mundial ; 9.-La masificación del uso de los celulares inteligentes y sus nuevas posibilidades para las actividades de e-commerce .

En segundo lugar, se analizarán los problemas que plantea la aplicación efectiva de estos impuestos, así como sus posibles soluciones. Hay que tener en cuenta que en el comercio electrónico concurren una serie de *características* que afectan a los principios tradicionales de la tributación, como son [116]:

1. <u>Desmaterialización de los productos digitalizables</u>. Estos productos, que tradicionalmente han necesitado un soporte físico para su comercialización, pueden ser vendidos a través de Internet sin necesidad del componente material que los acompañaba, que carecía de valor para el consumidor.

2. <u>Comercialización de Servicios a distancia</u>. El uso de las

---

[114] Da Cunha Lopes, T., Acevedo Valerio, A., Medina Romero, M., Economía del Conocimiento y su impacto en las estructuras laborales", in RICJ año II, no. 3, Agosto-Enero 2014 consultado en línea el 17 de agosto del 2020 en la dirección web https://revistainternacionalcienciasjuridicas.org/2013/08/27/economia-del-conocimiento-y-su-impacto-en-las-estructuras-laborales-teresa-da-cunha-lopes-victor-acevedo-valerio-y-miguel-medina-romero/

[115] La nueva economía se centra en la transformación tecnológica y organizativa. Las ciudades desempeñan un importante papel en tal relación y en la relación – problemática – que se establece entre ella y los procesos sociales e institucionales que están en la base de nuestra convivencia y de nuestra vida. Una refrencia importante es Castells, 2000

[116] Estas caracteristicas fueron identificadas en el artículo ya citado del 2007 de las autoras de esta ponencia. Ver Da Cunha Lopes y Ochoa de León, op.cit, 2007

nuevas tecnologías posibilita que se puedan prestar servicios íntegramente a través de Internet y, por tanto, a distancia. Por ejemplo: los servicios de consultoría, jurídicos, financieros, contratación de seguros, organización de subastas, juegos onerosos, agencias de viajes, etc.

3.　　Internacionalización de servicios. El mercado de la oferta de los servicios prestados *on line* y de telecomunicaciones no sólo está conformado por los operadores nacionales, sino también por los no establecidos que deseen competir en éste, al no ser necesario que dispongan de un lugar físico en su interior.

4.　　Deslocalización de los actores. Internet y el comercio electrónico directo favorecen que los agentes que intervienen se *desconozcan* recíprocamente la localización del otro. El comprador sólo necesita conocer la dirección electrónica del sitio Web (la IP) donde se expone el vendedor, así como disponer de un dispositivo con conexión a Internet y con capacidad para almacenar los bits informáticos que va a adquirir. En cuanto al vendedor, el punto de venta descansa sobre una base material, el servidor. Sin embargo, en esencia no es más que un espacio de memoria de un equipo electrónico ocupado por software y datos, en última instancia, bits, que pueden ser trasladados a otro servidor localizado en un Estado distinto de forma electrónica. Incluso el servidor podría ser un equipo electrónico portátil y de igual forma, la alteración del contenido del sitio Web se podría hacer electrónicamente. En definitiva, Internet posibilita la deslocalización inmediata del punto de venta de las empresas virtuales, sin costos ni traslados.

5.　　Anonimato. Conocer quién es el interlocutor resulta complejo, y son pocos los rastros dejados, si las partes no utilizan mecanismos seguros de autentificación basados en técnicas criptográficas, como los certificados digitales y, especialmente, la firma electrónica avanzada. Aunque el anonimato es defendido por aquéllos que lo consideran como un elemento incentivador del desarrollo de este tipo de comercio, otros lo repudian porque exigen mayor seguridad y transparencia en estas transacciones para evitar el riesgo de fraudes *on line*. Además, desde la óptica fiscal, resulta necesario que el sujeto pasivo del impuesto sobre el consumo que grave la operación conozca la naturaleza del adquirente, consumidor final o empresario o profesional, y su Estado de residencia o donde se encuentra establecido.

La fiscalidad del pago por medios electrónicos, por la importancia que éstos están adquiriendo en la actual sociedad globalizada, merece especial atención. El último epígrafe se dedicará a comentar las posibilidades que tiene la Administración tributaria para controlar el comercio electrónico.

II. Tributos que Gravan el Comercio Electrónico.

2.1.- El caso comparativo mexicano

Los tributos que gravan el comercio electrónico son los mismos que se aplican en la actualidad al comercio tradicional: Impuesto sobre la Renta de las Personas Físicas (ISR PF), Impuesto sobre la Renta de los No Residentes (ISR NR), Impuesto sobre Sociedades (ISR PM) e Impuesto sobre el Valor Agregado (IVA). Estos impuestos, los tres que recaen sobre la renta y el que grava el consumo, son los que afectan de forma más directa al comercio, pero también inciden en la contratación otros tributos como los Impuestos Especiales Sobre Producción y Servicios (IESPS),[117] el Impuesto sobre Transmisiones Patrimoniales y los Impuestos Aduaneros. A continuación, analizaremos los caracteres de estos impuestos y los supuestos a los que les son de aplicación, lo que nos permitirá comprender los problemas que pueden plantearse cuando recaen sobre el comercio electrónico.

---

[117] Aquí cabría aclarar que en cuanto a Transmisión de bienes Muebles e Inmuebles está el ISR del Tit. IV de PF están incluidos los capítulos IV y V de Enajenación y adquisición de bienes.

2.2.- El impuesto sobre la renta de las personas físicas.

El hecho imponible del Impuesto sobre la Renta de las Personas Físicas es la obtención del ingreso por el contribuyente, que debe ser una persona física con residencia habitual en México.[118] Los criterios para considerar que una persona tiene su residencia habitual en México son los siguientes:

1. Cuando hayan establecido su casa habitación en México.
2. Sí aún teniendo su casa habitación en otro país, si en territorio nacional se encuentra la ubicación del núcleo principal de sus intereses económicos
3. Los de nacionalidad mexicana que sean funcionarios del Estado o trabajadores de este, aun cuando su centro de intereses vitales se encuentre en el extranjero.

La base imponible del impuesto está compuesta por los ingresos en efectivo, en crédito, en bienes, en servicios o de cualquier otro tipo. Lógicamente son los rendimientos de actividades económicas los que están relacionados directamente con la fiscalidad del comercio electrónico. Además, el artículo 130 de la Ley del Impuesto sobre la renta (LISR) y el artículo 16 del Código Fiscal Federal (CFF) contienen una lista de actividades que, en particular, deben considerarse rendimientos de actividades económicas, y entre ellas se encuentra el comercio o prestación de servicios.

Teniendo en cuenta lo expuesto, parecería evidente que cuando quien lleva a cabo sus actividades económicas a través de la red es una persona física con residencia en México, los rendimientos obtenidos serán objeto de gravamen en este impuesto. Ninguno de los artículos del Código Fiscal Federal nos permite pensar que por el hecho de que el comercio pueda ser considerado electrónico va a

---

[118] Como lo establece el Art.9 del Código Fiscal Federal 2020

escapar a tributación por este impuesto,[119] sin embargo se mantiene un problema de localización del ingreso en el espacio cibernético.

2.3.-El impuesto sobre la renta de no residentes.

El Impuesto Sobre la Renta de los Residentes en el Extranjero con Ingresos provenientes de fuente de riqueza ubicada en Territorio Nacional grava los diferentes ingresos que pudieran obtener las personas físicas y entidades no residentes en el mismo. El Título V de la Ley del Impuesto Sobre la Renta nos indica qué rentas deben considerarse obtenidas en territorio mexicano. De entre las citadas, las que se refieren a actividades o explotaciones económicas, con la diferencia de que en una de ellas la actividad o explotación se realiza mediante establecimiento permanente situado en territorio español y en la otra sin la mediación de éste. En este último caso, para que las rentas obtenidas tributen en México es preciso que concurra alguna de las siguientes circunstancias:

1. que las actividades o explotaciones económicas sean realizadas en territorio mexicano.
2. que se trate de prestaciones de servicios utilizadas en territorio mexicano, en particular las referidas a la realización de estudios, proyectos, asistencia técnica o apoyo a la gestión.
3. También en este caso deben incluirse entre las rentas sometidas a tributación las derivadas del comercio electrónico, siempre que se cumplan los requisitos a los que nos hemos referido.

2.4. El impuesto sobre sociedades.

En México el Título II de la Ley del Impuesto Sobre la Renta de

---

[119] En México no existe una ley equivalente a la LSSI (Ley de Servicios de la Sociedad de la Información y de Comercio Electrónico) de España que lo regula con más precisión al Comercio Electrónico.

las Personas Morales grava las rentas obtenidas por las sociedades y demás entidades jurídicas. El hecho imponible está constituido precisamente por la obtención de esas rentas, siendo indiferente su fuente u origen. Así, igual que ocurría con los anteriores impuestos, no hay ninguna razón para excluir las obtenidas en el comercio electrónico. Es por esto por lo que a partir de la reforma 2020 de esta LISR, queda incluida en el Titulo IV Persona Físicas Capitulo II De los Ingresos por Actividades Empresariales y Profesionales, se adiciona la Sección III De los Ingresos por la enajenación de bienes o prestación de servicios a través de Internet, mediante plataformas tecnológicas, aplicaciones informáticas y similares, la cuál cobro vigencia a partir del 1 de junio 2020[120].

En este impuesto se consideran entidades residentes en México las que cumplan cualquiera de los siguientes requisitos:

1. que su constitución se hubiera realizado conforme a las leyes mexicanas y a los tratados de libre comercio firmados por México.
2. que su domicilio social se halle en territorio mexicano.
3. que tengan la sede dirección efectiva en dicho territorio[121] Sí se trata de establecimientos de personas morales residentes en el extranjero, dicho establecimiento; en el caso de varios establecimientos, el local en donde se encuentre la administración principal del negocio en el país, o en su defecto el que designen.

2.5. El impuesto sobre el valor agregado.

El Impuesto sobre el Valor Agregado[122] es un impuesto indirecto

---

[120] Titulo IV, Capitulo II, Sección III, LISR 2020

[121] Art.10 f II inciso B del CFF lo establece.

[122] Ley del Impuesto al Valor Agregado 2020

que recae sobre el consumo y grava las entregas y prestaciones de servicios efectuadas por empresarios o profesionales (operaciones interiores), las adquisiciones intracomunitarias de bienes y las importaciones de bienes. Las entregas de bienes y prestaciones de servicios deben ser realizadas por empresarios o profesionales a título oneroso, con carácter habitual u ocasional, en el desarrollo de su actividad empresarial o profesional.

La contratación electrónica es susceptible de incluirse en cualquiera de los tres supuestos[123], con lo que el comercio electrónico no puede considerarse excluido de la aplicación de este impuesto.

2.6. Los impuestos especiales.

En México los [124]Impuestos Especiales Sobre Producción y Servicios, también tributos indirectos, recaen sobre consumos específicos: alcohol y bebidas alcohólicas, hidrocarburos, labores del tabaco y electricidad y determinados medios de transporte. Gravan su fabricación, importación y, en su caso, introducción en el ámbito territorial interno, y la matriculación.

2.7. El impuesto sobre transmisiones patrimoniales y actos jurídicos documentados.

En México quedan incluidos dentro del[125] Titulo IV de la Ley del Impuesto Sobre la Renta en sus capítulos IV y V contempla sobre Transmisiones Patrimoniales y Actos Jurídicos Documentados nos

---

[123] Art. 1 de la LIVA este nos especifica que sean realizados en el comercio electrónico, por lo tanto, quedan incluidos.

[124] Ley de Impuestos Especiales Sobre Producción y Servicios 2020

[125] LISR 2020 Titulo IV capítulos IV y V

interesa la primera modalidad: transmisiones patrimoniales. En este caso el impuesto se exige por las transmisiones patrimoniales onerosas de bienes y derechos, independientemente de su naturaleza, que estuvieran situados, pudieran ejercitarse o hubieran de cumplirse en territorio mexicano o en territorio extranjero, cuando, en este último supuesto, el obligado al pago del impuesto tenga su residencia en México.

2.8. Impuestos aduaneros.

Por Impuestos Aduaneros debemos entender todos aquéllos que tienen como objeto el tráfico internacional de mercancías[126]. La figura más importante que se incluye en ellos es la de los derechos a la importación, tributo que se exige por la entrada de mercancías en el territorio aduanero[127]. Pero además se incluyen en ellos las siguientes figuras: regímenes aduaneros suspensivos; exacciones reguladoras agrícolas y demás gravámenes a la importación exigibles en el marco de los tratados de libre comercio vigentes; derechos antidumping y antisubvención y los derechos menores.

III. Problemas Tributarios que Plantea el Comercio Electrónico (E-Commerce).

3.1 Algunas referencias comparativas externas a México

Una vez analizados los distintos tributos que gravan el comercio electrónico en México, es necesario profundizar en las particularidades en materia tributaria que poseen los negocios a través de la Red, enfatizando que estos problemas no son

---

[126] A este respecto ver, como referencia general, la obra de Jorge Witker (2005) Las reglas de origen en el Comercio Internacional Contemporáneo, IVJ-UNAM, México.

[127] Como lo establece la Ley Aduanera vigente en México.

particulares a la tributación del comercio electrónico en México, pero que "descorren de la naturaleza de este, y son generales a todas las administraciones tributarias"[128].

Tal como lo refiere Guillermo Alegre[129], "Internet no genera riqueza por sí mismo, pero interesa fiscalmente en tanto en cuanto puede generar rentas en favor de sus operadores (lo que atañe a la imposición directa) y/o poner de manifiesto la capacidad económica de sus usuarios(lo que afecta a la imposición indirecta)."

El hecho de que el comercio electrónico no quede excluido de los impuestos, tal hemos hecho la demostración para el caso mexicano, no significa que no surjan inconvenientes que dificulten el llevar a la práctica la teoría expuesta. Los problemas más importantes que pueden plantearse son:

1. por un lado, la calificación de las rentas obtenidas y de las operaciones que se realizan
2. por otro, la determinación del lugar en el que deben entenderse realizadas las actividades comerciales electrónicas.

3.2. Impuesto sobre la renta.

En el impuesto sobre la renta es preciso distinguir los problemas que se producen en función de que el objeto de la contratación sean suministros *on line* u *off line*. Como sabemos, la diferencia entre

---

[128] A este propósito consultar García Espinar, Eduardo ."Aspectos Fiscales de Internet: hacia una tributación transfronteriza" in **Principios de Derecho de Internet**/ García Mexia, Pablo (coord.) 2005 , editorial Tirant Lo Blanch (Indexado en DIALNET)

[129] Alegre, Guillermo, " La Fiscalidad del Comercio Electrónico", reseña obre el artículo arriba citado de García Espinar, consultado en línea el 14 de septiembre 2016 en la dirección web http://www.guillermoalegre.es/la-fiscalidad-del-comercio-electronico/

unos y otros está en que el primer caso los bienes o servicios que se adquieren a través de la red circulan por la misma. Así, mientras los suministros *off line* suelen ser bienes materiales que se transportan por los medios tradicionales o servicios profesionales contratados a través de la red, los suministros *on line* son siempre bienes o derechos derivados de la propiedad intelectual. Obviamente, esto no significa que no puedan transmitirse bienes derivados de la propiedad intelectual *off line*, pensemos por ejemplo en la adquisición en una página Web de un libro o un disco que llegará a nuestras manos por los medios tradicionales de transporte.

Evidentemente, es la contratación *off line* la que presenta menores complicaciones. No hay más que aplicar a las rentas obtenidas la normativa general, y así éstas se considerarán rendimientos de actividades económicas, tributación por el ISR de los no residentes, o se integrarán en el beneficio contable en el caso del ISR de las PM. En definitiva, la utilización de la vía electrónica tiene una incidencia nula en este tipo de contratos.

 En cuanto a la contratación *on line*, la cuestión principal está en conocer si la adquisición del producto digitalizado implica sólo la obtención de un derecho para su uso o si, por el contrario, se adquiere el producto en soporte informático de la misma forma en que podría hacerse sobre cualquier otro tipo de soporte.

Para avanzar en este tema conviene aclarar la diferencia legal entre cesión de uso y compraventa. Con la cesión del mero uso se adquiere un producto constituido por el soporte y el derecho a su uso con las limitaciones impuestas por la Ley (en el caso del modelo de referencia comparativo del corporii iura europeos en la materia, tal tendrá que ser buscado en las directivas y reglamentos y, en la jurisprudencia de los órganos jurisdiccionales de la UE) .

Así las cosas, encontramos que la compraventa supone además la transmisión de los derechos de la propiedad intelectual.

Revisemos el caso comparativo de la normatividad vigente en la

Unión Europea. En la directiva 2001/29/EC, "Sobre la armonización de ciertos aspectos del copyright y derechos relacionados en la sociedad de la información" y, en la Directiva 91/250/CEE, "Sobre la protección legal de los programas de ordenador" se regulan expresamente los "derechos de patente " (art. 9 de esta última) . En estas directivas, también se prevé la "cesión del derecho de uso" de software, así como la "transmisión de los derechos de explotación". En este sentido[130] , habrá, también que buscar en la jurisprudencia, los criterios de los "contratos de licencia en virtud de los cuales el cliente adquiere un derecho de uso del software por tiempo indefinido, no transmisible y limitado al uso profesional interno."[131] .

En principio, la utilización de un soporte informatico no tiene por qué suponer, a priori, que la renta obtenida deba calificarse como una cesión de uso[132]. Resultará imprescindible estudiar cada contrato para distinguir cuándo se cede el uso del programa y cuándo se transmiten los derechos de la propiedad intelectual sobre el mismo. A este propósito, según el Abogado General, "el principio del agotamiento se aplica cuando el titular del derecho de autor que ha autorizado la descarga de Internet de la copia de un programa de ordenador en un soporte de datos confiere igualmente a título oneroso un derecho de uso de dicha copia sin límite de

---

[130] Ver asunto asunto C-128/11 UsedSoft GmbH) / Oracle International Corp

[131] Ver a este propósito las "Conclusiones del Abogado General en el asunto C-128/11 Axel W. Bierbach (síndico de la quiebra de UsedSoft GmbH) / Oracle International Corp.", documento consultado en línea el 16 de septiembre 2016 en la dirección web http://curia.europa.eu/jcms/upload/docs/application/pdf/2012-04/cp120049es.pdf

[132] Directiva 2009/24/CE del Parlamento Europeo y del Consejo, de 23 de abril de 2009, sobre la protección jurídica de programas de ordenador (DO L 111, p. 16), que codifica la Directiva 91/250/CEE del Consejo, de 14 de mayo de 1991, sobre la protección jurídica de programas de ordenador (DO L 122, p. 42)

tiempo".[133]

La comercialización de los programas (software) en el ámbito interno no plantea demasiados problemas desde el punto de vista fiscal, sí desde el punto de vista de la definición del ámbito de aplicación de las clausulas de "cesión de derechos", arriba brevemente referenciadas. Si la renta que obtiene el autor es consecuencia de la venta del programa será considerada rendimiento de actividad económica[134]. Lo mismo ocurrirá cuando los beneficios provengan de la cesión de su uso[135] Si la explotación la lleva a cabo una persona distinta del autor, los rendimientos serán considerados también rendimientos de actividades económicas. Por último, si la persona distinta del autor sólo cede los derechos de explotación del programa, las rentas obtenidas tendrán para ella la consideración de rendimientos del capital mobiliario[136]. LISR TIT.IV PF Los contribuyentes personas físicas con actividades empresariales que enajenen bienes o presten

---

[133] De nuevo nos referimos a las "Conclusiones del Abogado General en el asunto C-128/11 Axel W. Bierbach (síndico de la quiebra de UsedSoft GmbH) / Oracle International Corp.", documento consultado en línea el 16 de septiembre 2016 en la dirección web http://curia.europa.eu/jcms/upload/docs/application/pdf/2012-04/cp120049es.pdf

[134] Considerada como actividad empresarial en la LISR TIT.IV PF de MÉXICO

[135] Con arreglo a la anterior Ley (LISR TIT.IV PF) habrían sido calificados como rendimientos de actividades profesionales

[136] LISR TIT.IV PF 2020 Artículo 113-A. Están obligados al pago del impuesto establecido en esta Sección, los contribuyentes personas físicas con actividades empresariales que enajenen bienes o presten servicios a través de Internet, mediante plataformas tecnológicas, aplicaciones informáticas y similares que presten los servicios a que se refiere la fracción II del artículo 18-B de la Ley del Impuesto al Valor Agregado, por los ingresos que generen a través de los citados medios por la realización de las actividades mencionadas, incluidos aquellos pagos que reciban por cualquier concepto adicional a través de los mismos.

servicios a través de Internet, mediante plataformas tecnológicas, aplicaciones informáticas y similares que presten los servicios. El impuesto a que se refiere esta Sección, se pagará mediante retención que efectuarán las personas morales residentes en México o residentes en el extranjero con o sin establecimiento permanente en el país, así como las entidades o figuras jurídicas extranjeras que proporcionen, de manera directa o indirecta, el uso de las citadas plataformas tecnológicas, aplicaciones informáticas y similares. [137]

3.3. Precios de transferencia y contratación electrónica.

Los precios de transferencia, desde el punto de vista histórico-doctrinal son definidos como las cantidades cobradas por una parte de una organización por productos o servicios que provee a otra parte de la organización. Pero el término se utiliza en ocasiones en un sentido peyorativo, para referirse a *"el traslado de rentas imponibles desde una sociedad perteneciente a una multinacional - situada en una jurisdicción fiscal de elevada tributación hacia otra sociedad perteneciente al mismo grupo -ubicada en una jurisdicción de reducida tributación- a través del uso de precios de transferencia incorrectos, para así reducir la deuda tributaria global del grupo"*[138].

Para tratar de aminorar las pérdidas que para las Administraciones tributarias puedan suponer la utilización de los precios de transferencia como mecanismo para reducir la tributación, éstas

---

[137] LISR 2020

[138] HUBERTT M.A. MAMAEKERS, " Precios de transferencia. Historia, Evolución y Perspectiva", *Revista Euroamericana de Estudios Tributarios,* núm. 3, 1999, pág. 13

suelen aplicar el principio denominado *arm's length*[139]. Según este principio, a efectos tributarios, los precios acordados para las operaciones entre entidades del mismo grupo deberían deducirse de los precios que se habrían aplicado por otras entidades independientes en condiciones similares, en un mercado abierto. La mayoría de los países cuentan con disposiciones que permiten a las autoridades tributarias ajustar los precios de transferencia que se desvían de este principio[140].

Pero determinar el precio de mercado a utilizar como referencia en algunas ocasiones puede resultar complicado, porque puede que no existan situaciones análogas. Y en nuestro objeto de estudio los problemas aumentan. Es habitual en las grandes empresas multinacionales la creación de redes privadas Intranets, que permiten intercambios de información entre su personal con costes muy bajos. ¿Cómo se puede determinar el precio que tendrían esos intercambios si interviniera una entidad independiente? Obviamente es prácticamente imposible.

La solución más evidente pasa por los denominados "acuerdos de precios adelantados" o acuerdos previos sobre operaciones vinculadas. Regresando a nuestro contexto normativo comparativo, en México al igual que en la Unión Europea, se prevé esta posibilidad

3.4. Problemas de localización de las actividades de e-comercio en los impuestos sobre la renta.

En la contratación electrónica estos conflictos son relevantes cuando los sujetos que intervienen en ella tienen distintas

---

[139] Ver a este respecto Da Cunha y Ochoa de León, op.cit, 2007 y las Directrices aplicables en materia de Precios de transferencia a empresas multinacionales y administraciones tributarias de la OCDE

[140] idem

residencias fiscales. Las mayores dudas se plantean en relación con la determinación de la residencia del proveedor o suministrador. El criterio más seguido es el de la "sede de dirección efectiva", pero con las nuevas tecnologías, determinar cuál sea ésta puede resultar complicado.

Por ejemplo, el lugar indicado en la página Web es fácilmente manipulable. Pero es que, además, conocer quién está detrás de una página Web y dónde se encuentra localizado no es tarea fácil, porque los nombres de dominio que poseen los proveedores de Internet no se corresponden necesariamente con una ubicación física conocida. Y si es difícil determinar la residencia del vendedor, no va a ser más sencillo localizar al adquirente de los bienes o servicios.

Merece especial atención la incidencia que la contratación electrónica puede tener en el concepto de establecimiento permanente.

Los Modelos de Convenios de Doble Imposición Internacional sobre la Renta y el Patrimonio[141] lo definen como "un lugar fijo de negocios en el que una empresa efectúa toda o parte de su actividad". Se citan ejemplos como las sedes de dirección, sucursales, oficinas, fábricas, talleres y las minas, pozos de petróleo o de gas, las canteras o cualquier lugar de extracción de recursos naturales, así como las obras de construcción o montaje cuya duración exceda de doce meses.

De estos Modelos, que son los que sirven como referente en la mayoría de los convenios para evitar la doble imposición, no parece posible deducir que la instalación de equipos informáticos o electrónicos, sin una presencia física que por sí misma pueda

---

[141] Por ejemplo, el Modelo de Convenio Tributario sobre la Renta y sobre el Patrimonio VERSIÓN ABREVIADA 22 DE JULIO DE 2010 Comité de Asuntos Fiscales de la OCDE , consultado en línea el 14 de septiembre del 2016 en la dirección web http://www.estrategiafiscal.net/wp-content/uploads/2011/09/Modelo-de-Convenio-Tributario-sobre-la-Renta-y-el-Patrimonio-Versi%C3%B3n-Abreviada-2010-ESPA%C3%91OL.pdf

constituir un lugar fijo de negocios, sea un establecimiento permanente, ya que excluyen, tal como el Convenio Modelo de la OCDE del 2010 en su art. 5, párrafo 4 : "4. No obstante las disposiciones anteriores de este artículo, se considera que la expresión "establecimiento permanente" no incluye: a) la utilización de instalaciones con el único fin de almacenar, exponer o entregar bienes o mercancías pertenecientes a la empresa; b) el mantenimiento de un depósito de bienes o mercancías pertenecientes a la empresa con el único fin de almacenarlas, exponerlas o entregarlas; c) el mantenimiento de un depósito de bienes o mercancías pertenecientes a la empresa con el único fin de que sean transformadas por otra empresa; d) el mantenimiento de un lugar fijo de negocios con el único fin de comprar bienes o mercancías o de recoger información para la empresa; e) el mantenimiento de un lugar fijo de negocios con el único fin de realizar para la empresa cualquier otra actividad de carácter auxiliar o preparatorio; f) el mantenimiento de un lugar fijo de negocios con el único fin de realizar cualquier combinación de las actividades mencionadas en los sub-apartados a) a e), a condición de que el conjunto de la actividad del lugar fijo de negocios que resulte de esa combinación conserve su carácter auxiliar o preparatorio. ".

Queda, como veremos, la existencia de una "laguna iuris", a saber, la cuestión si un servidor o una página Web incorporada en un servidor localizado en el país del comprador o un país tercero puede considerarse establecimiento permanente a efectos fiscales.

En el primer caso parece difícil sostener la existencia de un [142]establecimiento permanente si tenemos en cuenta el concepto

---

[142] El artículo 2 1er. párrafo de la LISR en México señala: Para los efectos de esta Ley, se considera establecimiento permanente cualquier lugar de negocios en el que se desarrollen, parcial o totalmente, actividades empresariales o se presten servicios personales independientes. Se entenderá como establecimiento permanente, entre otros, las sucursales, agencias, oficinas, fábricas, talleres, instalaciones, minas, canteras o cualquier lugar de exploración, extracción o explotación de recursos naturales.

que la legislación mexicana ha adoptado. Un servidor no puede ser considerado ni una instalación ni un lugar de trabajo. Quizá podría serlo si existiera además personal de la empresa trabajando en la tarea de atraer clientes que se conectaran a través de dicho acceso, pero no va a ser ese el caso más común.

No hay que olvidar que, en Internet, los contratos se cierran entre la empresa y el cliente por vía electrónica, por lo que en principio no existen agentes autorizados para actuar en su nombre. Además, el Modelo de Convenio de la OCDE, arriba citado, al definir al agente, utiliza la expresión "persona", con lo que parece claro, con una interpretación estricta, que un equipo informático no puede considerarse como tal.

En el segundo supuesto, el servidor sólo está posibilitando que una empresa establezca una conexión a Internet, y realiza este servicio para la empresa del vendedor sin controlar después las transacciones que ésta realice a través del servidor.

En definitiva, ni una página Web ni un servidor pueden considerarse establecimiento permanente de una empresa en un estado, y el Estado de la fuente no podrá someter a imposición las rentas generadas por ellos.

En cuanto a las rentas derivadas de actividades profesionales, el artículo 11 del Convenio de la OCDE establece que las rentas que un residente en un Estado contratante obtenga por la prestación de servicios profesionales u otras actividades de naturaleza independiente sólo pueden someterse a imposición en este Estado, a no ser que este residente disponga de manera habitual en el otro Estado contratante de una base fija para el ejercicio de sus actividades. Pues bien, el envío de trabajos (documentos, informes, etc.) no parece que pueda encuadrarse dentro del marco del establecimiento permanente, con lo que el Estado receptor de la prestación no puede sujetar a imposición la renta obtenida por el profesional.

Otra referencia comparativa a considerar será la Directiva

2002/38/CE del 7 de mayo de 2002 [143], "por la que se modifica y se modifica temporalmente la Directiva 77/388/CEE respecto del régimen del impuesto sobre el valor añadido aplicable a los servicios de radiodifusión y de televisión y a algunos servicios prestados por vía electrónica", la cual tiene como objetivo explicito en el considerando 2: "(2) Para garantizar el buen funcionamiento del mercado interior, se deben eliminar tales distorsiones y hay que introducir nuevas normas armonizadas para este tipo de actividades. Se deben adoptar medidas para garantizar, en particular, que esos servicios, cuando se realicen con carácter oneroso y sean consumidos por clientes establecidos en la Comunidad, estén gravados en la Comunidad y no lo estén si se consumen fuera de la Comunidad."

3.5. Impuesto sobre el valor agregado.

La aplicación del Impuesto sobre el Valor Agregado, igual que ocurre en el impuesto sobre la renta, no plantea especiales problemas cuando los que se contratan son bienes materiales que no circulan por la red.

Cuando los bienes o servicios circulan por la red, es trascendental, igual que en el apartado anterior, la calificación de las operaciones como cesiones de uso o como compraventas. En este impuesto[144], las cesiones de uso son consideradas prestación de servicios, mientras que las compraventas son adquisiciones de bienes, ya deban calificarse como operaciones interiores, adquisiciones intracomunitarias, ventas a distancia o importaciones. Y respecto del concepto de cesión de uso son aplicables las consideraciones efectuadas al tratar esta misma cuestión en relación con el

---

[143] Directiva 2002/38/CE del 7 de mayo de 2002, consultada en línea el 14 de agosto 2020 en la dirección web http://eur-lex.europa.eu/legal-content/ES/TXT/PDF/?uri=CELEX:32002L0038&from=ES

[144] Art. 1 fracciones II y III de la Ley del IVA

impuesto sobre la renta[145].

En el ordenamiento jurídico mexicano, el concepto de prestación de servicios se realiza en la LIVA[146] desde un punto de vista negativo: se considera como tal toda operación sujeta al impuesto que no tenga la consideración de entrega de bienes, adquisición intracomunitaria o importación de bienes. Y las entregas de bienes son definidas como la transmisión del poder de disposición sobre bienes corporales, considerando a estos efectos como tales el calor, el frío, la energía eléctrica y las demás modalidades de energía.[147] Por lo tanto, dependiendo de que el objeto de la contratación

---

[145] A este respecto es interesante citar como referencia comparativa el caso de la normativa comunitaria vigente (UE). La Unión Europea ha aprobado la Directiva 2002/38/CE del CONSEJO de 7 de mayo de 2002 por la que se modifica temporalmente la Directiva 77/388/CEE respecto del régimen del Impuesto sobre el Valor Añadido aplicable a los servicios de radiodifusión y de televisión y a algunos servicios prestados por vía electrónica. Esta norma tiene su origen en la constatación de que la legislación sobre IVA vigente hasta su entrada en vigor no permitía gravar de manera adecuada los servicios prestados por vía electrónica consumidos dentro de la Unión Europea, ni evitar distorsiones de competencia en ese ámbito. Su objeto es, por tanto, adecuar la regulación contenida en la Sexta Directiva a los principios generales establecidos por la Comisión Europea, en junio de 1998, en relación con la tributación de las entregas electrónicas. Estos principios se contienen en el documento titulado *Comunicación de la Comisión al Consejo, al Parlamento Europeo y al Comité Económico y Social. Comercio electrónico y fiscalidad indirecta.* [Documento COM (1998) 347 final], y pueden sintetizarse en dos puntos:

1. La calificación de estas operaciones como prestaciones de servicios a efectos del IVA.

2. El gravamen de tales servicios en la Comunidad, cuando se consumen en el territorio comunitario y la exclusión de gravamen en dicho territorio, en otro caso.

[146] Artículos del 17 al 18-A de la LIVA 2020

[147] Da Cunha y Ochoa de León, op. Cit 2007

electrónica sea o no la transmisión del poder de disposición de un bien corporal, podrá ser calificado como entrega de bienes o como prestación de servicios. Y lógicamente, en las cesiones de uso[148] no se transmite el poder de disposición, de ahí que afirmemos que las cesiones de uso deben considerarse prestaciones de servicio. Pero es que, además, la digitalización de los bienes o servicios puede plantear dudas respecto de la existencia de una auténtica entrega de bienes.

3.6. Otros Impuestos Indirectos

3.6.1. Impuestos Especiales Sobre Producción y Servicios.

En relación con estos impuestos no se plantean problemas de calificación de las operaciones porque los productos objeto de estos tributos no pueden circular por la red. Recordemos que estos impuestos gravan la fabricación, importación, y en su caso introducción en el ámbito territorial interno de productos tales como el alcohol y bebidas alcohólicas, bebidas energizantes y saborizadas, hidrocarburos, labores del tabaco y electricidad, así como determinados medios de transporte. El empleo de la vía telemática para contratar este tipo de productos no ofrece diferencias respecto de la utilización de cualquier otro soporte de contratación.

3.6.2. Impuesto sobre Transmisiones Patrimoniales.

Tal como ocurría con el IVA, la digitalización de los productos

---

[148] Ya vimos con anterioridad que existe una interpretatio iuris diversa de nuestra posición por parte del Abogado General de la UE en el asunto C-128/11 UsedSoft GmbH) / Oracle International Corp

objeto de gravamen puede originar problemas de calificación de la operación como una auténtica adquisición de bienes. Y si no hay transmisión del bien no se realiza el hecho imponible del impuesto.

Pero incluso si se transmiten telemáticamente bienes o derechos que no circulan por la red pueden plantearse problemas que no surgen en el comercio tradicional. El más importante es, quizá, determinar cuándo se entiende realizado el acto o contrato gravado: ¿en el momento en el que la aceptación llega a conocimiento del ofertante o bien en el momento en el que el aceptante emite la declaración?

3.6.3. Impuestos Aduaneros.

Una vez más, si los bienes objeto de estos impuestos no circulan por la red, es irrelevante el carácter electrónico del contrato. Pero cuando se trata de suministros *on line* surgen dificultades, sobre todo porque esos bienes no atravesarán la aduana físicamente. La solución que se viene propugnando pasa por la exención de los Impuestos Aduaneros de los bienes digitalizados.

A este propósito cabe señalar que la Organización Mundial del Comercio favorece la práctica de no aplicar los derechos de aduana a las operaciones de comercio electrónico. Así se deduce de la Declaration on Global Electronic Comerse, de 20 de mayo de 1998, enunciada en Ginebra en el marco de la Conferencia Ministerial de la OMC. En el mismo sentido, el Gobierno de EE. UU. propuso la completa eliminación de los derechos de aduana sobre los bienes y servicios entregados a través de Internet. Tanto las instituciones comunitarias como los países miembros comparten esta idea.

IV.-. Los Medios de Pago Electrónicos y las Administraciones Tributarias.

Los medios de pago electrónicos pueden causar importantes problemas a las Administraciones tributarias porque facilitan la utilización de bancos establecidos en paraísos fiscales. Hace unos años, evadir dinero a estos lugares resultaba, además de complicado, caro. En la actualidad, se puede acceder a ellos con una simple transacción electrónica. En relación con los aspectos tributarios del sistema bancario virtual que utiliza paraísos fiscales para captar depósitos a través de Internet, se aplica la normativa destinada a las operaciones realizadas con o por personas residentes en paraísos fiscales[149].

Centrándonos en la cuestión que nos interesa, no existe ningún inconveniente para gravar los documentos informáticos

Si se dan todas las circunstancias necesarias para acreditar la autenticidad de los ficheros electrónicos o del contenido de los discos de los ordenadores o procesadores y se garantiza, con las pruebas periciales en su caso necesarias, la veracidad de lo documentado y la autoría de la firma electrónica utilizada, el documento mercantil en soporte informático, con función de giro, debe gozar, como establece el artículo 17-D 3er. pf. del CFF, de plena virtualidad jurídica operativa[150].

---

[149] En la normatividad vigente en España Tiene especial importancia el artículo 17.2 LIS: " La Administración tributaria podrá valorar por su valor normal de mercado las operaciones efectuadas con o por entidades residentes en países o territorios calificados reglamentariamente como paraísos fiscales cuando la valoración convenida hubiera determinado una tributación en España inferior a la que hubiere correspondido por aplicación del valor normal de mercado o un diferimiento de dicha tributación"

[150] **Artículo 17-D del CFF en México.**- Cuando las disposiciones fiscales obliguen a presentar documentos, éstos deberán ser digitales y contener una firma electrónica avanzada del autor, salvo los casos que establezcan una regla diferente. Las autoridades fiscales, mediante reglas de carácter general, podrán autorizar el uso de otras firmas electrónicas.

Para los efectos mencionados en el párrafo anterior, se deberá contar con un certificado que confirme el vínculo entre un firmante y los datos de creación de una firma electrónica avanzada, expedido por el Servicio de Administración

Tributaria cuando se trate de personas morales y de los sellos digitales previstos en el artículo 29 de este Código, y por un prestador de servicios de certificación autorizado por el Banco de México cuando se trate de personas físicas. El Banco de México publicará en el Diario Oficial de la Federación la denominación de los prestadores de los servicios mencionados que autorice y, en su caso, la revocación correspondiente.

En los documentos digitales, una firma electrónica avanzada amparada por un certificado vigente sustituirá a la firma autógrafa del firmante, garantizará la integridad del documento y producirá los mismos efectos que las leyes otorgan a los documentos con firma autógrafa, teniendo el mismo valor probatorio.

Se entiende por documento digital todo mensaje de datos que contiene información o escritura generada, enviada, recibida o archivada por medios electrónicos, ópticos o de cualquier otra tecnología.

Los datos de creación de firmas electrónicas avanzadas podrán ser tramitados por los contribuyentes ante el Servicio de Administración Tributaria o cualquier prestador de servicios de certificación autorizado por el Banco de México. Para tales efectos, el Servicio de Administración Tributaria validará la información relacionada con su identidad, domicilio y, en su caso, sobre su situación fiscal, en términos del artículo 27 del presente Código; de no hacerlo, la autoridad podrá negar el otorgamiento de la firma electrónica avanzada. El Servicio de Administración Tributaria, mediante reglas de carácter general, podrá establecer los documentos y el procedimiento para validar la información proporcionada por los contribuyentes.

Cuando los datos de creación de firmas electrónicas avanzadas se tramiten ante un prestador de servicios de certificación diverso al Servicio de Administración Tributaria, se requerirá que el interesado previamente comparezca personalmente ante el Servicio de Administración Tributaria para acreditar su identidad. En ningún caso los prestadores de servicios de certificación autorizados por el Banco de México podrán emitir un certificado sin que previamente cuenten con la comunicación del Servicio de Administración Tributaria de haber acreditado al interesado, de conformidad con las reglas de carácter general que al efecto expida. A su vez, el prestador de servicios deberá informar al Servicio de Administración Tributaria el código de identificación único del certificado asignado al interesado.

La comparecencia de las personas físicas a que se refiere el párrafo anterior, no podrá efectuarse mediante apoderado o representante legal. Únicamente para los efectos de tramitar la firma electrónica avanzada de las personas morales de conformidad con lo dispuesto en el artículo 19-A de este Código, se requerirá el poder previsto en dicho artículo.

4.1 Seguridad y autenticidad de las transacciones electrónicas

La firma electrónica es aquella que un firmante coloca en forma digital sobre unos datos, añadiéndola o asociándola lógicamente a los mismos, y la utiliza para indicar su aprobación respecto del

---

La comparecencia previa a que se refiere este artículo también deberá realizarse cuando el Servicio de Administración Tributaria proporcione a los interesados los certificados, cuando actúe como prestador de servicios de certificación.

Los datos de identidad que el Servicio de Administración Tributaria obtenga con motivo de la comparecencia formarán parte del sistema integrado de registro de población, de conformidad con lo previsto en la Ley General de Población y su Reglamento, por lo tanto, dichos datos no quedarán comprendidos dentro de lo dispuesto por los artículos 69 de este Código y 18 de la Ley Federal de Transparencia y Acceso a la Información Pública Gubernamental.

Para los efectos fiscales, los certificados tendrán una vigencia máxima de cuatro años, contados a partir de la fecha en que se hayan expedido. Antes de que concluya el período de vigencia de un certificado, su titular podrá solicitar uno nuevo. En el supuesto mencionado el Servicio de Administración Tributaria podrá, mediante reglas de carácter general, relevar a los titulares del certificado de la comparecencia personal ante dicho órgano para acreditar su identidad y, en el caso de las personas morales, la representación legal correspondiente, cuando los contribuyentes cumplan con los requisitos que se establezcan en las propias reglas. Si dicho órgano no emite las reglas de carácter general, se estará a lo dispuesto en los párrafos sexto y séptimo de este artículo.

Para los efectos de este Capítulo, el Servicio de Administración Tributaria aceptará los certificados de firma electrónica avanzada que emita la Secretaría de la Función Pública, de conformidad con las facultades que le confieran las leyes para los servidores públicos, así como los emitidos por los prestadores de servicios de certificación que estén autorizados para ello en los términos del derecho federal común, siempre que en ambos casos, las personas físicas titulares de los certificados mencionados hayan cumplido con lo previsto en los párrafos sexto y séptimo de este artículo.

contenido de esos datos. En líneas generales, cumple los siguientes requisitos:

Vinculada únicamente al firmante.

- ❖ Capaz de identificar al firmante.
- ❖ Creada utilizando un medio técnico que está bajo el control del firmante.
- ❖ Vinculada a los datos a los que se refiere.

Una clase particular de firma electrónica que permite ofrecer mayor seguridad a los usuarios es la firma digital asimétrica de clave pública. Este tipo de firmas consiste en un criptosistema basado en el uso de un par de claves asociadas: una clave privada que se mantiene en poder de su titular y una clave pública que se distribuye libremente para que sea conocida por cualquier persona.

Básicamente el procedimiento de la firma digital de clave asimétrica es el siguiente:

- ❖ El emisor de un mensaje lo cifra digitalmente utilizando su clave privada.
- ❖ El receptor del mensaje puede descifrarlo utilizando la clave pública del emisor.

Como la aplicación de criptografía asimétrica sobre la totalidad del mensaje es muy costosa, en los mensajes de gran extensión suele aplicarse sobre el mismo un algoritmo de resumen que transforma una secuencia de *bits* en uno menor, llamada función *hash EN CURSIVA*. Al aplicar esta función se obtiene un resumen del mensaje denominado huella digital, cuyas características principales son su irreversibilidad (a partir del *hash* no puede obtenerse el mensaje completo) y la imposibilidad de obtener un segundo mensaje que produzca el mismo resumen, de forma que cualquier cambio en el mensaje produciría un hash diferente.

Una vez aplicada la función *hash* al mensaje principal, el resumen resultante es cifrado con la clave privada del firmante y es enviado junto al mensaje original, de forma tal que el receptor, para comprobar que el mensaje ha sido firmado por el emisor, debe realizar dos operaciones: descifrar el *hash* aplicando la clave pública del emisor y aplicar la función *hash* sobre el mensaje completo obtenido. Si el *hash* recibido y descifrado y el *hash* obtenido coinciden, habrá verificado que el mensaje ha sido enviado por quien dijo haberlo hecho y que su contenido no ha sufrido alteraciones.

Estos sistemas de criptografía asimétrica permiten enviar mensajes confidenciales, proporcionando autenticidad, integridad y no repudio por parte del destinatario y, de acuerdo con el estado del arte actual, alcanzan el nivel de seguridad necesario para poder asimilarlas a la firma escrita en papel.

Si bien hasta el momento la mayoría de las normas dictadas sobre la materia se basan en este tipo de firma, considero que el mejor criterio legislativo será el que adopte una posición abierta que permita el desarrollo de nuevas técnicas y no se limite a entronizar a este sistema en detrimento de mejores técnicas futuras.

4.2 .Terceras Partes Confiables: Autoridades Certificantes

La infraestructura o el sistema requieren de terceras partes confiables.

La ley de Utah le da una importancia fundamental a las Autoridades Certificantes (*Certification Authorities*, "CAs"), definidas como las personas facultadas para emitir certificados Pueden ser personas físicas o empresas o instituciones públicas o privadas y deberán obtener una licencia de la *División of Corporations and Commercial Code*, en el caso del Estado de Utah, para funcionar como tales.

Son las encargadas de mantener los registros directamente en línea (*on-line*) de claves públicas. Una compañía puede emitir certificados a sus empleados, una universidad a sus estudiantes, una ciudad a sus ciudadanos. Para evitar que se falsifiquen los certificados, la clave pública de la CA debe ser confiable: una CA debe publicar su clave pública o proporcionar un certificado de una autoridad mayor que atestigüe la validez de su clave. Esta solución da origen a diferentes niveles, estratos o jerarquías de CAs.

En el caso especifico del ordenamiento jurídico mexicano el Decreto sobre Firma Electrónica, del 29 de agosto del 2003 reglamenta este campo.

V. El Impuesto sobre Actos Jurídicos Documentados y el Documento Electrónico.

Este impuesto grava la formalización de ciertos documentos notariales, mercantiles y administrativos. Por lo que afecta a los segundos, que son los que nos interesan, están sujetos:

- ❖ Letra de Cambio[151].
- ❖ Los documentos que realicen función de giro o suplan a la letra de cambio. Se entiende tal cuando el documento acredite remisión de fondos o signo equivalente de un lugar a otro, implique una orden de pago o en él figure la cláusula "a la orden de".
- ❖ Los resguardos o certificados de depósitos transmisibles.
- ❖ Los pagarés, bonos, obligaciones y demás títulos emitidos en serie, por plazo no superior a dieciocho meses, en los que la contraprestación se fija en la diferencia entre los importes de emisión y reembolso.

El sujeto pasivo de este impuesto es, en el caso de la letra de cambio, el librador, salvo si ésta se ha expedido en el extranjero, en cuyo caso estará obligado al pago el primer tenedor en México.

---

[151] Que esta en desuso en México pero aún regulada en la Ley General de Títulos y Operaciones de Crédito.

En el resto de los documentos mencionados, las personas o entidades que los expidan.

Centrándonos en la cuestión que nos interesa, el artículo 17-D 3er. pf. del CFF reconoce la validez jurídica, a efectos tributarios, de los documentos electrónicos:[152] "a los efectos de lo dispuesto anteriormente, se entenderá por documento cualquier soporte escrito, incluidos los informáticos, por los que se pruebe, acredite o se haga constar alguna cosa". Por lo tanto, no existe ningún inconveniente para gravar también los documentos informáticos.

VI. La Administración Tributaria sobre el Comercio Electrónico.

Teniendo en cuenta todo lo que hemos visto en los anteriores epígrafes, es evidente que para la Administración el comercio electrónico constituye un gran reto en materia fiscal. Los métodos de los que se ha servido hasta ahora son ineficaces en la lucha contra el fraude relacionado con esta materia.

No obstante, las nuevas tecnologías avanzan también para las autoridades fiscales, y el intercambio de información entre diferentes Administraciones es la mejor solución contra la evasión de impuestos. A través de Internet las informaciones pueden transmitirse de una forma mucho más rápida y segura. Pero, aunque técnicamente el intercambio sea fácil, lo cierto es que en la práctica las Administraciones se muestran demasiado reticentes a llevarlo a cabo.

Referencias Bibliográficas.

CASANOVA GUASCH, F.. (1999) "Comercio electrónico e

---

[152] Como lo establece el artículo 17-D 3er. párrafo del CFF.

impuestos: un nuevo reto para el siglo XXI". Jurisprudencia Tributaria, núm. 10.

DA CUNHA LOPES, T. Y MARTHA OCHOA DE LEÓN . (2007) " El Control de la Administración Tributaria sobre el Comercio Electrónico" in DBN, no. 4, Julio-Agosto 2007, consultado en línea el 11 septiembre 2016 en la dirección web https://www.researchgate.net/publication/301607629_EL_CONTROL_DE_LA_ADMINISTRACION_TRIBUTARIA_SOBRE_EL_COMERCIO_ELECTRONICO

DA CUNHA LOPES, T., ACEVEDO VALERIO, A., MEDINA ROMERO, M. (2014). Economía del Conocimiento y su impacto en las estructuras laborales", in RICJ año II, no. 3, Agosto-Enero 2014 consultado en línea el 17 de septiembre del 2016 en la dirección web https://revistainternacionalcienciasjuridicas.org/2013/08/27/economia-del-conocimiento-y-su-impacto-en-las-estructuras-laborales-teresa-da-cunha-lopes-victor-acevedo-valerio-y-miguel-medina-romero/

DA CUNHA LOPES, Teresa Maria Geraldes (2018) . Robots, Impuestos y Financiación del Estado del Bienestar en la Era de la Inteligencia , In book: Emprendimiento, Negocios y la Responsabilidad Social en las OrganizacionesPublisher: UMSNH

DE JUAN LEDESMA, Á.(1998) "Internet y nuevas tecnologías en telecomunicaciones: nuevos retos de la fiscalidad internacional", Impuestos, tomo II

FALCÓN Y TELLA, R. (1998). "Tributación e Internet: aplicación de las reglas generales, con adaptación, en su caso, como alternativa al BIT tax", Quincena Fiscal, núm. 10

GARCÍA ESPINAR, E. (2005)."Aspectos Fiscales de Internet: hacia una tributación transfronteriza" in **Principios de Derecho de Internet/ García Mexia, Pablo (coord.) 2005 , editorial Tirant Lo Blanch**

GARCÍA NOVOA, C. (2001) "Consideraciones sobre la tributación del comercio electrónico I y II". Quincena Fiscal, núm. 16 y 17.

HUBERTT M.A. MAMAEKERS (1993)." Precios de transferencia. Historia, Evolución y Perspectiva", *Revista Euroamericana de Estudios Tributarios,* núm. 3.

MARTOS GARCÍA, J.J.: "Imposición del Comercio Electrónico en el IVA. *Revista de Contabilidad y Tributación,* núm.237.

MINISTERIO DE HACIENDA (2001) . Informe sobre el impacto del comercio electrónico en la fiscalidad española

OCDE (2010) Modelo de Convenio Tributario sobre la Renta y sobre el Patrimonio VERSIÓN ABREVIADA 22 DE JULIO DE 2010 Comité de Asuntos Fiscales de la OCDE , consultado en línea el 14 de septiembre del 2016 en la dirección web http://www.estrategiafiscal.net/wp-content/uploads/2011/09/Modelo-de-Convenio-Tributario-sobre-la-Renta-y-el-Patrimonio-Versi%C3%B3n-Abreviada-2010-ESPA%C3%91OL.pdf

OLIVER CUELLO, R.(1999). *Tributación del Comercio Electrónico.* Tirant lo Blanc, Valencia.

SPENCE, MICHAEL (2015) "La Lógica inexorable de la economía colaborativa", artículo de opinión publicado en Project Syndicate el 28 de septiembre 2015 y consultado en línea el 7 de septiembre 2016 en la dirección web

LEGISGRAFÍA EN MÉXICO

Ley del Impuesto Sobre la Renta

Ley del Impuesto al Valor Agregado

Ley de Impuestos Especiales Sobre Producción y Servicios

Código Fiscal Federal

Ley Aduanera

Ley General de Títulos y Operaciones de Crédito

CAPÍTULO 4

A SEGURANÇA NA PROTEÇÃO DE DADOS: ENTRE O RGPD EUROPEU E A LGPD BRASILEIRA

SECURITY IN DATA PROTECTION: BETWEEN THE EUROPEAN GDPR AND THE BRAZILIAN LGPD

Manuel David Masseno[153]

Guillerme Magalhães Martins[154]

José Luiz de Moura Faleiros Júnior[155]

---

[153] Professor Adjunto e Encarregado da Proteção de Dados do IPBeja – Instituto Politécnico de Beja, em Portugal, onde também integra as Coordenações do Laboratório UbiNET – Segurança Informática e Cibercrime e do MESI – Mestrado em Engenharia de Segurança Informática. Pertence à EDEN Rede de Especialistas em Proteção de Dados da Europol Agência Europeia de Polícia e ainda ao Grupo de Missão "Privacidade e Segurança" da APDSI –. https://orcid.org/0000-0001-8861-0337 / masseno@ipbeja.pt

[154] Promotor de Justiça titular da 5a Promotoria de Tutela Coletiva do Consumidor da Capital, do Ministério Público do Estado do Rio de Janeiro – MPRJ. Professor associado de Direito Civil da Faculdade Nacional de Direito da Universidade Federal do Rio de Janeiro – UFRJ. Professor permanente do Doutorado em Direito, Instituições e Negócios da Universidade Federal Fluminense – UFF. Doutor e Mestre em Direito Civil pela Faculdade de Direito da Universidade do Estado do Rio de Janeiro – UERJ.. https://orcid.org/0000-0003-3082-656X

[155] Mestre em Direito pela Universidade Federal de Uberlândia (UFU). Especialista em Direito Processual Civil, Direito Civil e Empresarial, Direito Digital e *Compliance*. Bacharel em Direito pela Universidade Federal de Uberlândia (UFU). Associado Fundador do Instituto Avançado de Proteção de Dados (IAPD).

Resumo :Este trabalho expõe, criticamente, cada uma das principais questões relativas à segurança intrínseca no tratamento de dados resultantes da Lei Geral de Proteção de Dados Pessoais, do Brasil, mas desde uma perspectiva externa, a do Regulamento Geral sobre a Proteção de Dados, da União Europeia, o qual tem sido considerado como sua matriz. Assim, o presente estudo aprecia os pontos de contato entre o RGPD europeu, sob o olhar da experiência de Portugal, e da LGPD brasileira. Com efeito, a partir do método comparativo, serão apresentados os principais dispositivos normativos que cuidam da segurança de dados – tema eleito para o recorte proposto nesta análise –, sempre com aportes doutrinários pertinentes aos itens de maior relevância à análise em questão. Ao final, uma conclusão será apresentada com o intuito de confirmar a hipótese de pesquisa. Atendendo à proximidade juscultural, as referências se baseiam na Doutrina portuguesa especializada.

Palavras-chave: Brasil. Dados pessoais. Regulação. Segurança. União Europeia

Abstract This article critically presents each of the main issues related to intrinsic security in the treatment of personal data as a result of the General Law for the Protection of Personal Data, in Brazil, but from an external perspective, that of the European Union's General Data Protection Regulation, which has been considered as its matrix. Thus, the present study appreciates the points of contact between the European GDPR, from the specific perspective of the Portuguese experience, in contrast to the Brazilian law. In effect, from the comparative method, the main normative frameworks that concern data security will be presented - theme chosen for the object selected for this analysis -, always with doctrinal contributions pertinent to the items of greatest relevance to the investigation in question. At the end, a conclusion will be presented in order to confirm the research hypothesis. In view of the cultural proximity, the references are based on the specialized Portuguese Doctrine.

Keywords: Brazil. Personal data. Regulation. Safety. European Union

Introdução

O presente estudo pretende analisar, comparativa e sistematicamente, os regimes jurídicos correspondentes à segurança no tratamento dos dados pessoais nos Ordenamentos da União Europeia e do Brasil, agora que a vigência da Lei n.o 13.709, de 14 de agosto de 2018 (a Lei Geral de Proteção de Dados – *LGPD*), está iminente, tendo em vista que, após uma inesperada discussão legislativa, nos dias 26 e 27 de agosto de 2020, a alteração consolidada na votação de conversão da Medida Provisória no 959, de 29 de abril de 2020, definiu a imediata vigência dos dispositivos da LGPD, à exceção dos artigos 52 a 54 (que cuidam das sanções). Embora pendente a sanção presidencial, este se tornou um novo capítulo na complexa trama sobre a vigência da lei, amplificado, também no dia 26 de agosto de 2020, com a publicação do Decreto no 10.474, que criou a estrutura administrativa da Agência Nacional de Proteção de Dados.

Efetivamente, a *LGPD* tem sido reiteradamente exposta como sendo uma "espécie de projeção" do Regulamento (UE) 2016/679, do Parlamento Europeu e do Conselho, de 27 de abril de 2016, relativo à proteção das pessoas singulares [físicas] no que diz respeito ao tratamento de dados pessoais e à livre circulação desses dados (Regulamento Geral sobre a Proteção de Dados), o *RGPD*, na terra de Vera Cruz.

Aliás, até a própria *occasio legis* seria suscetível de o demonstrar, pela coincidência da entrada em vigor do *RGPD*, no final de maio de 2018, com a aceleração do processo legislativo no Congresso brasileiro, depois de anos de hesitações na opção entre o "modelo norte- americano", de fragmentação legislativa vertical e aplicação judiciária *a posteriori*, e o "modelo europeu", prevalecente, com uma disciplina geral e uma implementação também feita através de autoridades administrativas independentes.

Porém, pode-se anotar que a proximidade é mais aparente do que real, sendo identificável um padrão comum: o da menor consideração dos interesses – e dos correspondentes direitos – das pessoas físicas, relativamente aos das organizações, mormente em se tratando de Instituições Públicas. Frente a esse problema, a hipótese de pesquisa cuida de indicar que, a despeito de algumas similitudes, ainda há entre as duas normativas pontos de distanciamento cruciais para a efetiva aplicação da norma brasileira, particularmente quanto à segurança de dados.

Assim, o presente estudo aprecia os pontos de contato entre o *RGPD* europeu, sob o olhar da experiência de Portugal, e da *LGPD* brasileira. Com efeito, a partir do método comparativo, serão apresentados os principais dispositivos normativos que cuidam da segurança de dados – tema eleito para o recorte proposto nesta análise –, sempre com aportes doutrinários pertinentes aos itens de maior relevância à análise em questão. Ao final, uma conclusão será apresentada com o intuito de confirmar a hipótese de pesquisa.

I.- Um objetivo comum entre a *LGPD* brasileira e o *RGPD* europeu: a segurança no tratamento dos dados pessoais

Por ocasião da promulgação da *LGPD*, no Brasil já vigorava o

"Marco Civil da Internet", aprovado pela Lei n.o 12.965, 23 de abril de 2014, que estabelece princípios, garantias, direitos e deveres para o uso da Internet no Brasil[156], incluindo diversas questões relativas à proteção de dados pessoais (arts. 3o, II e II; 7o, VII, VIII e X, 11 e 14), regulamentado pelo Decreto n.o 8.771, de 11 de maio de 2016, pelo que, tecnicamente, o "Marco Civil" até será uma Lei Geral perante a *LGPD*, no que se refere aos tratamentos de dados realizados na Internet, enquanto nos demais

---

[156] Maiores detalhes podem ser obtidos da leitura do estudo realizado por João Victor Rozatti Longhi (Marco Civil da Internet no Brasil: breves considerações sobre seus fundamentos, princípios e análise crítica do regime de responsabilidade civil dos provedores. *In:* MARTINS, Guilherme Magalhães; LONGHI, João Victor Rozatti (Coords.). **Direito digital**: direito privado e internet. 3. ed. Indaiatuba: Foco, 2020, pp. 115-144), em especial quanto a seus fundamentos, princípios e ao regime de responsabilidade civil estabelecido.

casos será aplicável por analogia.[157]

No entanto, a Constituição Federal, de 1988, apenas trata da matéria de um modo fragmentário e indireto. Além do *habeas data* (Art.o 5o, LXXII), só consta o direito ao respeito pela vida privada (Art.o 5o, X)[158].

Quanto à disciplina da Segurança dos Dados, pode-se antecipar um

---

[157] O microssistema em questão é composto, dentre outras normas, pela Lei no 8.078, de 11 de setembro de 1990 (Código de Defesa do Consumidor), pela Lei no 12.965, de 23 de abril de 2014 (o chamado "Marco Civil da Internet"), pelo Decreto no 8.771/2016, que a regulamentou; ainda, pela Lei no 13.709, de 14 de agosto de 2018 (a chamada "Lei Geral de Proteção de Dados Pessoais"), posteriormente alterada pela Medida Provisória no 869, de 27 de dezembro de 2018, que se consolidou pelo texto da Lei no 13.853, de 08 de julho de 2019. Outras iniciativas de destaque são a Lei no 12.527, de 18 de novembro de 2011 ("Lei de Acesso à Informação"), e a Lei no 13.874, de 20 de setembro de 2019 ("Declaração de Direitos de Liberdade Econômica"). Além, é claro, do Código Civil (Lei no 10.406/2002) e da própria Constituição da República. Nuantes específicas da incidência dessas normas podem ser colhidas dos escritos de Bruno Miragem (A Lei Geral de Proteção de Dados (Lei 13.709/2018) e o direito do consumidor. **Revista dos Tribunais**, São Paulo, v. 1009, p. 173-222, nov. 2019) e de Laura Schertel Mendes e Danilo Doneda (Reflexões iniciais sobre a nova Lei Geral de Proteção de Dados. **Revista de Direito do Consumidor**, São Paulo: Revista dos Tribunais, v. 120, p. 468-486, nov./dez. 2018).

[158] O tema, inclusive, já foi objeto de investigações, especialmente quanto à distinção entre o direito fundamental à privacidade e um direito fundamental à proteção de dados pessoais. O tema pode ser explorado em: DONEDA, Danilo. **Da privacidade à proteção de dados pessoais**. Rio de Janeiro: Renovar, 2006, p. 221-322; MENDES, Laura Schertel. **Privacidade, proteção de dados e defesa do consumidor**: linhas gerais de um novo direito fundamental. São Paulo: Saraiva, 2014, p. 161-190. Entretanto, em 2 de julho de 2019, foi aprovada, em segunda votação, pelo Senado Federal a Proposta de Emenda à Constituição 17/2019, a qual acrescenta ao Art. 5o o inciso XII-A, estabelecendo que "é assegurado, nos termos da lei, o direito à proteção de dados pessoais, inclusive nos meios digitais".

padrão que revela maior consideração dos interesses das organizações, públicas ou privadas, em detrimento dos direitos dos cidadãos, enquanto titulares dos dados.[159] Mas, para que se possa

---

[159] Um dos exemplos mais claros de uma tal escolha de Política Legislativa está na legitimação dada às organizações para criarem "perfis comportamentais", através de ferramentas técnicas próprias da Inteligência Artificial, aceitando a viabilidade de ocorrerem processos decisionais sem revisão humana (arts. 12, §2o, e 20, por força da Medida Provisória n.o 869, de 27 de dezembro de 2018, não revertida pela Lei n.o 13.853, de 8 de julho de 2019), bem como a previsão de um "uso compartilhado" por "órgãos e entidades públicos no cumprimento de suas competências legais, ou entre esses e entes privados" (arts. 5o, XVI; 7o, III; 9o, V; 18, VII; e 26), este já regulamentado pelo Decreto n.o 10.046, de 9 de outubro de 2019, no que se refere à administração pública federal, o que autoriza o monitoramento permanente dos cidadãos, inclusive antecipando seus comportamentos futuros, e permite o seu condicionamento por tais organizações. Sobte o tema, valiosa a leitura dos escritos de José Luiz de Moura Faleiros Júnior (**Administração Pública digital**: proposições para o aperfeiçoamento do Regime Jurídico Administrativo na sociedade da informação. Indaiatuba: Foco, 2020, p. 118-124), de Daniela Copetti Cravo (Portabilidade de dados no poder público? **Jota**, 15 ago. 2020. Disponível em: https://www.jota.info/opiniao-e-analise/artigos/portabilidade-de-dados-   no-poder-publico-15082020. Acesso em: 29 de agosto de 2020) e, ademais, de Roberta Volpato Hanoff e Thiago Henrique Nielsen (A Lei Geral de Proteção de Dados Pessoais na administração pública brasileira: é possível implementar governança de dados antes de se implementar a governança em gestão? *In:* DAL POZZO, Augusto Neves; MARTINS, Ricardo Marcondes (Coords.). **LGPD & Administração Pública**: uma análise ampla dos impactos. São Paulo: Thomson Reuters Brasil, 2020, pp. 391-406). O que está em forte contrate com o disposto em matéria de "decisões individuais automatizadas, incluindo definição de perfis" (Art.os 22.o, *maxime* n.o 3 in *fine*, e 4.o 4), mas também e designadamente quanto às avaliações de impacto em proteção de dados (Art.o 35.o n.os 1 e 3 a), sobre estas questões, além das "Orientações sobre as decisões individuais automatizadas e a definição de perfis para efeitos do Regulamento (UE) 2016/679", de 3 de outubro de 2017/6 de fevereiro de 2018, do Grupo de Trabalho do Artigo 29, são de atender as considerações sintéticas de Catarina Sarmento e Castro (A jurisprudência do Tribunal de Justiça da União Europeia: o regulamento geral sobre a proteção de dados pessoais e as novas perspetivas para o direito ao esquecimento na Europa. *In:* **Estudos em Homenagem ao Conselheiro Presidente Rui Moura Ramos**. Coimbra: Almedina, 2016, v. I,

entender as diferenças entre o *RGPD* e a *LGPD*, é preciso ter presente que os mesmos resultam de tradições diversas no que se refere à proteção de dados pessoais, apenas agora convergentes.

No que se refere às Fontes gerais europeias, o percurso já é de décadas, desde a Convenção do Conselho da Europa n.o 108, de 28 de janeiro de 1981, sobre a proteção das pessoas relativamente ao tratamento automatizado de dados de caráter pessoal, passando pela Diretiva 95/46/CE do Parlamento Europeu e do Conselho, de 24 de outubro de 1995, relativa à proteção das pessoas singulares

---

pp. 1047-1070) e de Maria Eduarda Gonçalves (The EU Data Protection Reform and the Challenges of Big Data: tensions in the relations between technology and the law. *In:* NETO, Luísa; RIBEIRO, Fernanda (Eds.). **IV Colóquio Luso-Brasileiro Direito e Informação - Atas**. Porto: Faculdade de Letras da Universidade do Porto, pp. 46-63, 2016), os desenvolvimentos de Ana Alves Leal (Aspetos Jurídicos da Análise de Dados na Internet (*Big Data Analytics*) nos Setores Bancário e Financeiro: Proteção de Dados Pessoais e Deveres de Informação. *In:* CORDEIRO, António Menezes, OLIVEIRA, Ana Perestrelo de; DUARTE, Diogo Pereira (Eds.). **FinTech**: Desafios da Tecnologia Financeira. Coimbra: Almedina, 2017, pp. 75-202) e de Beatriz Santiago Trindade (Two years in: Does the GDPR already need updates? A question brought by algorithmic decision-making. **Anuário da Proteção de Dados - 2020**, Lisboa, pp. 79-103, 2020), os estudos aplicados de Manuel David Masseno (On the relevance of big data for the formation of contracts regarding package tours or linked travel arrangements, according to the new package travel directive. **Comparazione e Diritto Civile**, Salerno, n. 4, pp. 2-13, 2016; e Como a União Europeia procura proteger os cidadãos-consumidores em tempos de *Big Data*. **Revista Eletrônica do Curso de Direito da UFSM**, Santa Maria, v. 14, n. 3, pp. 1-27, 2019) e de Manuel David Masseno e Cristiana Teixeira Santos (Personalization and Profiling of Tourists in Smart Tourism Destinations – a Data Protection perspective. **Revista Argumentum**, Marília, v. 20 n. 3, pp. 1215-1240, 2019) e ainda as referências contextualizadas de Francisca Cardoso Resende Gomes (O conteúdo do direito fundamental à proteção de dados à luz do novo Regulamento Geral de Proteção de Dados: em especial, a problemática do controlo das decisões automatizadas. **Anuário da Proteção de Dados - 2020**, Lisboa, pp. 105-119, 2020), designadamente.

[físicas] no que diz respeito ao tratamento de dados pessoais e à livre circulação desses dados, até à respetiva constitucionalização pelo Tratado sobre o Funcionamento da União Europeia (Art.o 16.o) e a Carta dos Direitos Fundamentais da União Europeia (Art.o 8.o), desde o Tratado de Lisboa (2007 – 2009), ambos os instrumentos com o mesmo valor formal que o Tratado da União Europeia (*ex vi* Art.o 6.o)[160], sem esquecer a Jurisprudência do Tribunal de Justiça da União Europeia, nomeadamente o Acórdão *Google Spain* (Processo C-131/12, de 13 de maio de 2014), proferido durante o processo legislativo que conduziu ao *RGPD* e teve uma grande importância para o prosseguimento do mesmo e seu conteúdo final[161].

---

[160] Para uma melhor compreensão quanto à origem e à relevância destas Fontes, são sobretudo de atender os trabalhos de Maria Eduarda Gonçalves (**Direito da Informação**: novos direitos e formas de regulação na sociedade da informação. 2. ed. Coimbra: Almedina, 2003, pp. 88-97), e de Catarina Sarmento e Castro (**Direito da informática, privacidade e dados pessoais**. Coimbra, Almedina, 2005, p. 39-45) e, bem assim, de Alexandre Sousa Pinheiro (**Privacy e protecção de dados pessoais**: a construção dogmática do direito à identidade informacional. Lisboa: AAFD, 2015, pp. 528-546 e 573-661) e Alessandra Silveira e João Marques (Do direito a estar só ao direito ao esquecimento. Considerações sobre a proteção de dados pessoais informatizados no Direito da União Europeia: sentido, evolução e reforma legislativa. **Revista da Faculdade de Direito da UFPR**. Curitiba, v. 61, n. 3, pp. 91-118, 2016); além dos comentários aos referidos preceitos do Tratado sobre o Funcionamento da União Europeia, de Luís Neto Galvão (Comentário ao artigo 16.o do TFUE. *In:* PORTO, Manuel Lopes; ANASTÁCIO, Gonçalo (Eds.). **Tratado de Lisboa Anotado e Comentado**. Coimbra: Almedina, 2012, pp. 252-256), e da Carta dos Direitos Fundamentais da União Europeia, por Catarina Sarmento e Castro (Comentário ao artigo 8o. *In:* SILVEIRA, Alessandra; CANOTILHO, Mariana (Eds.). **Carta dos Direitos Fundamentais da União Europeia Comentada**. Coimbra: Almedina, 2013, pp. 120-128).

[161] Sobre este Acórdão, cuja importância não poderá nunca ser desvalorizada, tem-se as reflexões de Sofia Vasconcelos Casimiro (O direito a ser esquecido pelos motores de busca: o Acórdão Costeja. **Revista de Direito Intelectual**,

Com efeito, no *RGPD* começa por ser enunciado um dever geral de "segurança no tratamento", o qual se projeta logo como um dos "princípios relativos ao tratamento de dados pessoais", o da "integridade e confidencialidade", pois os dados devem ser "Tratados de uma forma que garanta a sua segurança, incluindo a proteção contra o seu tratamento não autorizado ou ilícito e contra a sua perda, destruição ou danificação acidental, adotando as medidas técnicas ou organizativas adequadas. (Art.o 5.o n.o 1 alínea f)."

Consequentemente, desde a concepção e por defeito (omissão), com ênfase na pseudonimização (Art.o 25.o n.o 1)[162]:

Coimbra, n. 2, pp. 307-353, 2014), a que se juntaram os estudos de Filipa Urbano Calvão (A protecção de dados pessoais na internet: desenvolvimentos recentes. **Revista de Direito Intelectual**, Coimbra, n. 2, pp. 67-84, 2015), de João Marques (Direito ao Esquecimento – A Aplicação do Acórdão Google pela CNPD. **Fórum de Proteção de Dados**, Lisboa, n. 3, pp. 44-55, 2016) e de Catarina Sarmento e Castro (A jurisprudência do Tribunal de Justiça da União Europeia: o regulamento geral sobre a proteção de dados pessoais e as novas perspetivas para o direito ao esquecimento na Europa. *In:* **Estudos em Homenagem ao Conselheiro Presidente Rui Moura Ramos**. Coimbra: Almedina, 2016, v. I, pp. 1047-1070), assim como as considerações mais recentes de Catarina Santos Botelho (Novo Ou Velho Direito? – o direito ao esquecimento e o princípio da proporcionalidade no constitucionalismo global. **Ab Instantia**, Coimbra, n. 7, pp. 49-71, 2017), de Maria de Fátima Galante (A Internet e o Direito ao Esquecimento: Análise jurisprudencial. **Data Venia - Revista Jurídica Digital**, [S.l.], n. 9, pp. 223-250, 2018) e ainda de Rui P. Coutinho de Mascarenhas Ataíde (Direito ao esquecimento. **Cyberlaw by CIJIC**, Lisboa, n. 6, 2019.).

[162] Daí resulta que "A fim de preservar a segurança e evitar o tratamento em violação do presente regulamento, o responsável pelo tratamento [controlador], ou o subcontratante [operador], deverá avaliar os riscos que o tratamento implica e aplicar medidas que os atenuem, como a cifragem. Essas medidas deverão assegurar um nível de segurança adequado, nomeadamente a confidencialidade, tendo em conta as técnicas mais avançadas e os custos da sua aplicação em função dos riscos e da natureza dos dados pessoais a proteger. Ao avaliar os riscos para a segurança dos dados, deverão ser tidos em conta os riscos apresentados pelo tratamento dos dados

Tendo em conta as técnicas mais avançadas, os custos de aplicação e a natureza, o âmbito, o contexto e as finalidades do tratamento, bem como os riscos, de probabilidade e gravidade variável, para os direitos e liberdades das pessoas singulares [físicas], o responsável pelo tratamento [controlador] e o subcontratante [operador] aplicam as medidas técnicas e organizativas adequadas para assegurar um nível de segurança adequado ao risco [...], (Art.o 32.o n.o 1)

O qual se articula explicitamente com o princípio da "responsabilidade", dado que "O responsável pelo tratamento é responsável pelo cumprimento do disposto no n.o 1 e tem de poder comprová-lo" (Art.o 5.o n.o 2), e, por isso mesmo,

Tendo em conta a natureza, o âmbito, o contexto e as finalidades do tratamento dos dados, bem como os riscos para os direitos e liberdades das pessoas singulares [físicas], cuja probabilidade e gravidade podem ser variáveis, o responsável pelo tratamento aplica as medidas técnicas e organizativas que forem adequadas para assegurar e poder comprovar que o tratamento é realizado em conformidade com o presente regulamento. Essas medidas são revistas e atualizadas consoante as necessidades. (Art.o 24.o n.o 1).

Designadamente e em relação ao presente objeto de estudo, este princípio tem como corolários os regimes da responsabilidade (civil[163], Art.o 82.o, contraordenacional [administrativa][164], Art.o

---

[163] A propósito da mesma, são de referir os estudos de Mafalda Miranda Barbosa (Protecção de Dados e Direitos de Personalidade: Uma Relação de Interioridade Constitutiva. Os Benefícios da Protecção e a Responsabilidade Civil. **Estudos de Direito do Consumidor**, Coimbra, n. 12, pp. 75-131, 2017), de A. Barreto Menezes Cordeiro (**Direito da proteção de dados**. Coimbra: Almedina, 2020, pp. 381-396), e de Tiago Branco da Costa (A responsabilidade civil decorrente da violação do Regulamento Geral sobre a Proteção de Dados. *In:* SILVEIRA, Alessandra; ABREU, Joana R. S. Covelo; COELHO, Larissa (Eds.). **UNIO Ebook Interop 2019**: O Mercado Único Digital da União Europeia como desígnio político: a interoperabilidade como o caminho a seguir. Braga: Pensamento Sábio - Associação para o conhecimento e inovação / Universidade

83.o, e, se os Estados-membros assim o decidirem, também penal, (Art.o 84.o), assim como a aplicação das regras e medidas de segurança que serão mencionadas em seguida.

Em termos análogos, da *LGPD* consta o princípio da segurança, o qual exige a "[...] utilização de medidas técnicas e administrativas aptas a proteger os dados pessoais de acessos não autorizados e de situações acidentais ou ilícitas de destruição, perda, alteração, comunicação ou difusão" (Art.o 6.o, VII). Pelo que, "[o]s sistemas utilizados para o tratamento de dados pessoais devem ser estruturados de forma a atender aos requisitos de segurança, aos padrões de boas práticas e de governança e aos princípios gerais previstos nesta Lei e às demais normas regulamentares" (Art.o 49.o). E, por isso mesmo, "[o]s agentes de tratamento ou qualquer outra pessoa que intervenha em uma das fases do tratamento obriga[m]-se a garantir a segurança da informação prevista nesta Lei em relação aos dados pessoais, mesmo após o seu término" (Art.o 47.o).[165]

---

do Minho - Escola de Direito, pp. 68-77, 2019), além das referências de Marco Alexandre Saias (Reforço da responsabilização dos responsáveis pelo tratamento de dados. **Revista Luso-Brasileira de Direito do Consumo**, Curitiba, n. 27, pp. 72-90, 2017) e do comentário de Cristina Pimenta Coelho (Artigo 82.o - Direito de indemnização e responsabilidade. *In:* PINHEIRO, Alexandre Sousa (Ed.). **Comentário ao Regulamento Geral de Proteção de Dados**. Coimbra: Almedina, 2018, pp. 633-637).

[164] Quanto a estas, entretanto densificadas através das Diretrizes de aplicação e fixação de coimas para efeitos do Regulamento 2016/679, adotadas em 3 de outubro de 2017 pelo GT 29, tem-se as referências prospectivas de Catarina Sarmento e Castro (A jurisprudência do Tribunal de Justiça da União Europeia: o regulamento geral

[165] Veja-se, por todos, o estudo de Guilherme Magalhães Martins e José Luiz de Moura Faleiros Júnior (Segurança, boas práticas, governança e compliance. *In:* LIMA, Cíntia Rosa Pereira de (Coord.). **Comentários à Lei Geral de Proteção de Dados**: Lei n. 13.709/2018, com alteração da Lei n. 13.853/2019. São Paulo: Almedina, 2020, pp. 349-372).

Este mesmo critério foi retomado e explicitado, até com alguma especificação, ao enunciar a Lei que :

"Os agentes de tratamento devem adotar medidas de segurança, técnicas e administrativas aptas a proteger os dados pessoais de acessos não autorizados e de situações acidentais ou ilícitas de destruição, perda, alteração, comunicação ou qualquer forma de tratamento inadequado ou ilícito." (Art.o 46)

Tal como no *RGPD*, este princípio está articulado com o da responsabilização e prestação de contas, consistente na "demonstração, pelo agente, da adoção de medidas eficazes e capazes de comprovar a observância e o cumprimento das normas de proteção de dados pessoais e, inclusive, da eficácia dessas medidas" (Art.o 6.o, X).

Não obstante, a *LGPD* vai um pouco mais longe, prevendo que "[a] autoridade nacional poderá [...] sugerir a adoção de padrões e de boas práticas para os tratamentos de dados pessoais pelo Poder Público" (Art.o 32.o). De igual modo e além de nas regras e medidas de segurança, este princípio tem uma especial importância no concernente às matérias "Da Responsabilidade e do Ressarcimento de Danos" (Art.os 42.o a 44.o) e das "Sanções Administrativas" (Art.os 52.o a 54.o).

II.-As regras de segurança

Enquanto ponto de partida, resulta que do *RGPD* não consta a previsão de serem estabelecidas normas de segurança "vinculativas", a aprovar e/ou a auditar pela Comissão Europeia, pelos Estados-membros, pelas Autoridades nacionais ou mesmo pelo CEPD – Comité Europeu para a Proteção de Dados. Assim, apenas são indicados padrões genéricos, referidos como "medidas técnicas e organizativas adequadas", as quais deverão ser determinadas em função de critérios casuísticos, resultantes de análises de risco (Art.os 25.o n.os 1 e 2 e 32.o n.o 1)[166], ou de avaliações de impacto (Art.o 35.o), se estiverem reunidos os correspondentes pressupostos[167]

---

[166] Pois, "Para determinar se há uma probabilidade razoável de os meios serem utilizados para identificar a pessoa singular, importa considerar todos os fatores objetivos, como os custos e o tempo necessário para a identificação, tendo em conta a tecnologia disponível à data do tratamento dos dados e a evolução tecnológica." (Considerando 26). Sobre estas análises, numa perspetiva técnica, tem interesse o estudo de Luísa A. Inácio Varandas dos Santos e Mário R. Monteiro Marques (Gestão de Risco Aplicada à Segurança da Informação. **Cyberlaw by CIJIC – Revista do Centro de Investigação Jurídica do Ciberespaço da Faculdade de Direito da Universidade de Lisboa.** Lisboa, n. 7, 2019), e, desde uma perspetiva jurídica, as considerações de Teresa Vale Lopes (Responsabilidade e governação das empresas no âmbito do novo Regulamento sobre a Proteção de Dados. **Anuário da Proteção de Dados - 2018**, Lisboa, pp. 45-69, 2018), Joana Mota (Proteção de dados desde a conceção e por defeito. Avaliação de impacto e segurança. *In:* CORDEIRO, António Menezes; OLIVEIRA, Ana Perestrelo de; DUARTE, Diogo Pereira (Eds.). **FinTech II**: Novos Estudos sobre Tecnologia Financeira. Coimbra: Almedina, 2019, pp. 129-146) e, ainda, de estudo de A. Barreto Menezes Cordeiro (**Direito da proteção de dados**. Coimbra: Almedina, 2020, pp. 317-322).

[167] Além de seguir as "Orientações relativas à Avaliação de Impacto sobre a Proteção de Dados (AIPD) e que determinam se o tratamento é «suscetível de resultar num elevado risco» para efeitos do Regulamento (UE) 2016/679 (Revistas e adotadas pela última vez em 4 de outubro de 2017), do Comité Europeu para a Proteção de Dados, a este propósito e em geral, são de assinalar as referências breves de Luís Pica (As Avaliações de Impacto, o Encarregado de Dados Pessoais e a Certificação no Novo Regulamento Europeu de Proteção de Dados Pessoais. **Cyberlaw by CIJIC - Revista do Centro de Investigação Jurídica do Ciberespaço da Faculdade de Direito da Universidade de Lisboa**, Lisboa, n. 5, 2018) e as considerações de Teresa Vale Lopes (Responsabilidade e governação das empresas no âmbito do novo Regulamento sobre a Proteção de Dados. **Anuário da Proteção de Dados - 2018**, Lisboa, pp. 45-69, 2018) e Joana Mota (Proteção de dados desde a conceção e por defeito. Avaliação de impacto e segurança. *In:* CORDEIRO, António Menezes; OLIVEIRA, Ana Perestrelo de; DUARTE, Diogo Pereira (Eds.). **FinTech II**: Novos Estudos sobre Tecnologia Financeira. Coimbra: Almedina, 2019, pp.

O que afasta esta disciplina da prevista pela Diretiva *ePrivacy*[168], remetendo explicitamente para esquemas autorregulatórios, consistentes em códigos de conduta (Art.os 40.o e 41.o) ou em instrumentos de certificação (Art.os 42.o e 43.o)[169].

Porém, se o respetivo acatamento "pode ser utilizado como elemento para demonstrar o cumprimento das obrigações" (Art.o 32.o n.o 3), o certo é que não exime de eventuais responsabilidades, apenas as podendo graduar (Art.o 83.o n.o 1 alínea d).

Mas, sendo o caso, também serão de observar as regras em matéria de Cibersegurança, cujos regimes jurídicos se sobrepõem. Antes de mais, relevam as presentes na Diretiva (UE) 2016/1148, do Parlamento Europeu e do Conselho, de 6 de julho de 2016, relativa a medidas destinadas a garantir um elevado nível comum de

---

129-146), bem como e sobretudo o estudo de Bruno Pereira e João Orvalho (Avaliação de Impacto sobre a Protecção de Dados. **Cyberlaw by CIJIC - Revista do Centro de Investigação Jurídica do Ciberespaço da Faculdade de Direito da Universidade de Lisboa**. Lisboa, n. 7, 2019).

[168] Precisamente, no Art.o 4.o n.os 1-A, 4 e 5 da Diretiva 2002/58/CE do Parlamento Europeu e do Conselho, de 12 de julho de 2002, relativa ao tratamento de dados pessoais e à proteção da privacidade no sector das comunicações eletrónicas (Diretiva relativa à privacidade e às comunicações eletrónicas), a propósito das "orientações" e das "medidas técnicas de execução" relativas à "segurança no processamento".

[169] Neste particular, tem-se já as das Orientações 1/2018 relativas à "certificação e à definição de critérios de certificação de acordo com os artigos 42.o e 43.o do Regulamento (Versão 3.0, de 4 de junho de 2019), adotadas pelo CEPD, e, embora em termos genéricos, são de lembrar os apontamentos de Luís Pica (As Avaliações de Impacto, o Encarregado de Dados Pessoais e a Certificação no Novo Regulamento Europeu de Proteção de Dados Pessoais. **Cyberlaw by CIJIC - Revista do Centro de Investigação Jurídica do Ciberespaço da Faculdade de Direito da Universidade de Lisboa**, Lisboa, n. 5, 2018) e de Teresa Vale Lopes (Responsabilidade e governação das empresas no âmbito do novo Regulamento sobre a Proteção de Dados. **Anuário da Proteção de Dados - 2018**, Lisboa, pp. 45-69, 2018).

segurança das redes e da informação em toda a União [Diretiva *NIS / SRI*][170], já que

Os Estados-Membros asseguram que os operadores de serviços essenciais tomem as medidas técnicas e organizativas adequadas e proporcionadas para gerir os riscos que se colocam à segurança das redes e dos sistemas de informação que utilizam nas suas operações. Essas medidas devem garantir um nível de segurança das redes e dos sistemas de informação adequado ao risco em causa, tendo em conta os progressos técnicos mais recentes. (Art.o 14.o n.o 1)

Ainda neste âmbito e como referência, tem-se o Regulamento de Execução (UE) 2018/151, da Comissão, de 30 de janeiro de 2018, que estabelece normas de execução da Diretiva (UE) 2016/1148 "[...] no respeitante à especificação pormenorizada dos elementos a ter em conta pelos prestadores de serviços digitais[171] na gestão dos riscos que se colocam à segurança das redes e dos sistemas de informação [...]".

E pode ainda vir a ser viável recorrer às normas constantes de um "sistema europeu de certificação de cibersegurança" (Art.os 51.o e 52.o do Regulamento (UE) 2019/881, de 17 de abril .

E, também : "A autoridade nacional poderá dispor sobre padrões técnicos mínimos para tornar aplicável o disposto no *caput* [corpo] deste artigo, considerados a natureza das informações tratadas, as

---

[170] A propósito desta disciplina, são de indicar as referências de: PEREIRA, Alexandre L. Dias. A Proteção de Dados Pessoais e o Direito à Segurança Informática no Comércio Eletrónico. **Banca, Bolsa e Seguros**, Coimbra, n.o 3, pp. 303-329, 2018.

[171] Enquanto "serviços digitais" são considerados os "1. Mercados em linha. [os] 2. Motores de pesquisa em linha. [e os] 3. Serviços de computação em nuvem", Art.o 4.o c) e Anexo III da Diretiva *NIS / SRI*.

características específicas do tratamento e o estado atual da tecnologia, especialmente no caso de dados pessoais sensíveis, assim como os princípios previstos no *caput* [corpo] do art. 6o desta Lei." (Art.o 46, § 1o)

"[...] editar regulamentos e procedimentos sobre proteção de dados pessoais e privacidade, bem como sobre relatórios de impacto à proteção de dados pessoais para os casos em que o tratamento representar alto risco à garantia dos princípios gerais de proteção de dados pessoais previstos nesta Lei. (Art.o 55-J, XII) de 2019, relativo [...] à certificação da cibersegurança das tecnologias da informação e comunicação "[Regulamento Cibersegurança])[172].

Em síntese, o Legislador europeu teve sempre por referência as normas internacionais relevantes no que se refere à Segurança da Informação, designadamente a Norma ISO 27001, na medida em que esta se ajusta à proteção de dados pessoais[173].

Por sua vez, na *LGPD* a abordagem é simétrica, pois se "[o]s sistemas utilizados para o tratamento de dados pessoais devem ser

---

[172] Estas questões têm escapado ao interesse da nossa Doutrina jurídica, mas sempre é de apontar o estudo de: CARRAPIÇO, Helena; BARRINHA, André. European Union cyber security as an emerging research and policy field. **European Politics and Society**, Londres, v. 19, n. 3, pp. 299-303, 2018..

[173] 21 Sobre a Norma ISO 27001 (Por extenso, ISO/IEC 27001 - Tecnologia da informação - técnicas de segurança - sistemas de gestão da segurança da informação – requisitos) e sua implementação no contexto do *RGPD*, são de atender os Modelos propostos, ainda que desde a perspetiva da Segurança da Informação, por José C. Lourenço Martins *et al.* (Modelo Integrado de Atividades para a Gestão da Segurança da Informação, Cibersegurança e Proteção de Dados Pessoais. **Cyberlaw by CIJIC - Revista do Centro de Investigação Jurídica do Ciberespaço da Faculdade de Direito da Universidade de Lisboa**, Lisboa, n. 5, 2018) e, ainda mais recentemente, por José C. Lourenço Martins (Método de Design, Implementação e Operação de um Sistema de Gestão de Segurança da Informação (V1.0). **Proelium – Revista Científica da Academia Militar**, Lisboa, A. VIII, n. 4, 2019), este tendo já em atenção a respetiva articulação com a Norma ISO/IEC 27701:2019, cujo Anexo D estabelece os correspondentes critérios.

estruturados de forma a atender aos requisitos de segurança, aos padrões de boas práticas e de governança e aos princípios gerais previstos nesta Lei e às demais normas regulamentares. (Art.o 49)"

Deste modo, apenas em termos complementares: "Os controladores e operadores, no âmbito de suas competências, pelo tratamento de dados pessoais, individualmente ou por meio de associações, poderão formular regras de boas práticas e de governança que estabeleçam as condições de organização, o regime de funcionamento, os procedimentos, incluindo reclamações e petições de titulares, as normas de segurança, os padrões técnicos, as obrigações específicas para os diversos envolvidos no tratamento, as ações educativas, os mecanismos internos de supervisão e de mitigação de riscos e outros aspectos relacionados ao tratamento de dados pessoais." (Art.o 50) [174]

---

[174] Maiores detalhes acerca do tema, na forma como está apresentado pela LGPD, podem ser colhidos do estudo realizado por Guilherme Magalhães Martins e José Luiz de Moura Faleiros Júnior (Segurança, boas práticas, governança e compliance. *In:* LIMA, Cíntia Rosa Pereira de (Coord.). **Comentários à Lei Geral de Proteção de Dados**: Lei n. 13.709/2018, com alteração da Lei n. 13.853/2019. São Paulo: Almedina, 2020, p. 368): "A delimitação de deveres relacionados à segurança da informação denota uma preocupação profunda do legislador pátrio com a consolidação de parâmetros preventivos que correspondam à legítima expectativa do titular de dados de que os processos de coleta, tratamento e armazenagem aos quais está submetido serão hígidos e adequados. Trabalha-se, desse ponto de vista, com a ideia de governança (ou *compliance*) para além de uma responsabilidade acessória do agente de tratamento, muito embora a lei faça expressa menção ao seu implemento como uma faculdade (vide o emprego do verbo "poder", em lugar de "dever" no *caput* [corpo] do artigo 50). Isso porque a cláusula inserida no artigo 46, atrelada aos regramentos contidos ao longo de todo o texto da LGPD, reafirma a preocupação com a efetividade da proteção de dados pessoais. É insofismável a relevância deste capítulo da lei para a sua ampla compreensão, sendo certa, ademais, a importância destacada que os programas de governança corporativa representarão para todo aquele que opere com dados pessoais." Acerca dos impactos do tema para a responsabilidade civil, conferir, ainda: MARTINS, Guilherme Magalhães; FALEIROS JÚNIOR, José Luiz de Moura. Compliance digital e responsabilidade civil na Lei Geral de Proteção de Dados. *In:* MARTINS, Guilherme Magalhães; ROSENVALD, Nelson (Coords.).

Sendo que "[a] autoridade nacional estimulará a adoção de padrões técnicos que facilitem o controle pelos titulares dos seus dados pessoais" (Art.o 51) e "[a]s regras de boas práticas e de governança deverão ser publicadas e atualizadas periodicamente e poderão ser reconhecidas e divulgadas pela autoridade nacional." (Art.o 50.o, § 3.o)

III.- Os dados pessoais e a limitação do seu tratamento

Se, nos termos do *RGPD*, é considerado como "dado pessoal" toda "[...] informação relativa a uma pessoa singular [física] identificada ou identificável («titular dos dados»)é considerada identificável uma pessoa singular [física] que possa ser identificada, direta ou indiretamente, em especial por referência a um identificador, como por exemplo um nome, um número de identificação, dados de localização, identificadores por via eletrónica ou a um ou mais elementos específicos da identidade física, fisiológica, genética, mental, económica, cultural ou social dessa pessoa singular [física] (Art.o 4.o 1)[175]

Responsabilidade civil e novas tecnologias. Indaiatuba: Foco, 2020, pp. 263-297.

[175] O que incluí os quase-identificadores e os metadados, como os registros de conexão [no Brasil, definidos pelo Marco Civil como "o conjunto de informações referentes à data e hora de início e término de uma conexão à internet, sua duração e o endereço IP utilizado pelo terminal para o envio e recebimento de pacotes de dados" (Art. 5o, VIII)], merecendo consulta, para maior aprofundamento, os escritos de Fabio Nori (A guarda dos registros de conexão e dos registros de acesso às aplicações no Marco Civil. *In:* DE LUCCA, Newton; SIMÃO FILHO, Adalberto; LIMA, Cíntia Rosa Pereira de (Coords.). **Direito & Internet III**: Marco Civil da Internet (Lei no 12.965/2014). São Paulo: Quartier Latin, 2015, t. II, pp. 169-190)e de Antonia Espíndola Longoni Klee em coautoria com Guilherme Magalhães Martins (A privacidade, a proteção dos dados e dos registros pessoais e a liberdade de expressão: algumas reflexões sobre o Marco Civil da Internet no Brasil (Lei no

12.965/2014). *In:* DE LUCCA, Newton; SIMÃO FILHO, Adalberto; LIMA, Cíntia Rosa Pereira de (Coords.). **Direito & Internet III**: Marco Civil da Internet (Lei no 12.965/2014). São Paulo: Quartier Latin, 2015, t. I, pp. 291-368). A esse respeito, aliás, válido o destaque ao recente pronunciamento do Superior Tribunal de Justiça, por ocasião do julgamento do REsp no 1.784.156/SP, que decidiu de forma a ampliar o referido conceito, impondo o fornecimento, além do endereço IP, também da porta lógica. Quanto ao tema, maiores informações podem ser colhidas do escrito de Guilherme Magalhães Martins, João Victor R. Longhi e José Luiz de Moura Faleiros Júnior (Porta lógica, IP e os registros de acesso a aplicações da Internet: Uma leitura ampliativa do art. 5o, VIII do Marco Civil da Internet. **Jota**, 26 dez. 2019. Disponível em: https://www.jota.info/opiniao-e- analise/artigos/porta-logica-ip-e-os-registros-de-acesso-a-aplicacoes-da-internet-26122019. Acesso em: 29 de agosto de 2020). Ademais, cumpre salientar que "[a]s pessoas singulares [físicas] podem ser associadas a identificadores por via eletrónica, fornecidos pelos respetivos aparelhos, aplicações, ferramentas e protocolos, tais como endereços IP (protocolo internet) ou testemunhos de conexão (*cookie*) ou outros identificadores, como as etiquetas de identificação por radiofrequência. Estes identificadores podem deixar vestígios que, em especial quando combinados com identificadores únicos e outras informações recebidas pelos servidores, podem ser utilizados para a definição de perfis e a identificação das pessoas singulares [físicas]." (Considerando 30 do *RGPD*). Nesta matéria, há ainda que atender ao conteúdo do Parecer 4/2007 sobre o "conceito de dados pessoais", de 20 de junho de 2007, do GT 29, assim como à Jurisprudência do Tribunal de Justiça da União Europeia, a qual culminou no Acórdão proferido no Processo C-582/14, Patrick Breyer, de 19 de outubro de 2016. Na Doutrina, são de atender as considerações de Filipa Urbano Calvão (A protecção de dados pessoais na internet: desenvolvimentos recentes. **Revista de Direito Intelectual**, Coimbra, n. 2, pp. 67-84, 2015), esta ainda durante as negociações do Regulamento Geral, e de Mafalda Miranda Barbosa (Protecção de Dados e Direitos de Personalidade: Uma Relação de Interioridade Constitutiva. Os Benefícios da Protecção e a Responsabilidade Civil. **Estudos de Direito do Consumidor**, Coimbra, n. 12, pp. 75-131, 2017), tal como o estudo de A. Barreto Menezes Cordeiro (Dados pessoais: conceito, extensão e limites. **Revista de Direito Civil**, Coimbra, v. 3 n. 2, pp. 297-321, 2018), cujas conclusões são retomadas em A. Barreto Menezes Cordeiro (**Direito da proteção de dados**. Coimbra: Almedina, 2020, pp. 107-131), e de Augusto César Torbay (A anonimização enquanto mecanismo de proteção de dados pessoais à luz da atual conjuntura legislativa europeia. **Anuário da Proteção de**

Por sua vez, embora tenha por objetivo primeiro o da garantia dos direitos dos titulares dos dados, a limitação do respetivo tratamento desempenha também uma função relevante no que se refere à segurança, estando subjacente às correspondentes disciplinas. Isto, tanto por reduzir os riscos em casos de incidentes, quanto por dificultar, ou até mesmo impossibilitar, a utilização de ferramentas analíticas de *Big Data*, melhor dizendo de "megadados".[176]

Dados - 2020, Lisboa, pp. 49-78, 2020), assim como as referências de Francisca Cardoso Resende Gomes (O conteúdo do direito fundamental à proteção de dados à luz do novo Regulamento Geral de Proteção de Dados: em especial, a problemática do controlo das decisões automatizadas. **Anuário da Proteção de Dados - 2020**, Lisboa, pp. 105-119, 2020) ademais do comentário à definição por parte de Alexandre Sousa Pinheiro (Artigo 4.o - Definições. *In:* PINHEIRO, Alexandre Sousa (Ed.). **Comentário ao Regulamento Geral de Proteção de Dados**. Coimbra: Almedina, 2018, pp. 115-204).

[176] 24 Quanto às implicações do tratamento destes "megadados", a Autoridade Europeia para a Proteção de Dados tem sido bastante assertiva, desde o Parecer preliminar "Privacidade e competitividade na era dos grandes volumes de dados: a articulação entre a proteção de dados, a lei da concorrência e a proteção do consumidor na Economia Digital", de 14 de março de 2014, reforçado pelo Parecer 4/2015 "Rumo a uma nova ética digital: dados, dignidade e tecnologia", de 11 de setembro de 2015, logo seguido do Parecer 7/2015 "Corresponder aos desafios dos Grandes Volumes de Dados: Um apelo à transparência, controlo do utilizador, proteção de dados desde a conceção e responsabilidade", de 19 de novembro do mesmo ano, entretanto atualizado pelo Parecer 8/2016 "Aplicação efetiva da legislação na economia digital", de 23 de setembro de 2016. Por sua vez, o Grupo de Trabalho do Artigo 29.o, que enfrentara estes problemas, pela primeira vez, no seu Parecer 2/2010, sobre "a publicidade comportamental em-linha", voltou a abordá-los com o Parecer 5/2012, sobre a "Computação em Nuvem", de 1 de julho de 2012, e pelo Parecer 3/2013, sobre "limitação de finalidade", antes referido, bem como e sobretudo pela "Declaração do Grupo do Artigo 29.o sobre o impacto do desenvolvimento da *Big Data* na proteção das pessoas relativamente ao tratamento dos seus dados pessoais na UE", de 16 de setembro de 2016. A este propósito e em termos gerais, tem-se as referências de Catarina Sarmento e Castro (A jurisprudência do Tribunal de Justiça da União Europeia: o regulamento geral sobre a proteção de dados pessoais e as novas perspetivas para o direito ao esquecimento na Europa. *In:* **Estudos em**

Assim, no *RGPD* é enunciado o princípio da «minimização dos dados», já que estes devem ser "[a]dequados, pertinentes e limitados ao que é necessário relativamente às finalidades para as quais são tratados" (Art.o 5.o n.o 1 alínea c). O que tem também uma dimensão temporal, que o articula com o princípio da «limitação da conservação», sendo aqueles "[c]onservados de uma forma que permita a identificação dos titulares dos dados apenas durante o período necessário para as finalidades para as quais são tratados [...]" (Art.o 5.o n.o 1 alínea d)[177]

Consequentemente, "[...] o responsável pelo tratamento [controlador] aplica, tanto no momento de definição dos meios de tratamento como no momento do próprio tratamento, as medidas

---

Homenagem ao Conselheiro Presidente Rui Moura Ramos. Coimbra: Almedina, 2016, v. I, pp. 1047-1070), assim como o estudo de Manuel David Masseno (On the relevance of big data for the formation of contracts regarding package tours or linked travel arrangements, according to the new package travel directive. **Comparazione e Diritto Civile**, Salerno, n. 4, pp. 2-13, 2016), no âmbito do Direito Privado, e o de Maria Eduarda Gonçalves (The EU Data Protection Reform and the Challenges of Big Data: tensions in the relations between technology and the law. *In:* NETO, Luísa; RIBEIRO, Fernanda (Eds.). **IV Colóquio Luso-Brasileiro Direito e Informação - Atas**. Porto: Faculdade de Letras da Universidade do Porto, pp. 46-63, 2016), no do Público, seguidos do de Ana Alves Leal (Aspetos Jurídicos da Análise de Dados na Internet (*Big Data Analytics*) nos Setores Bancário e Financeiro: Proteção de Dados Pessoais e Deveres de Informação. *In:* CORDEIRO, António Menezes, OLIVEIRA, Ana Perestrelo de; DUARTE, Diogo Pereira (Eds.). **FinTech**: Desafios da Tecnologia Financeira. Coimbra: Almedina, 2017, pp. 75-202).

[177] Sobre o conteúdos deste(s) princípio(s) são de indicar as referências breves de Alexandre Sousa Pinheiro (Artigo 4.o - Definições. *In:* PINHEIRO, Alexandre Sousa (Ed.). **Comentário ao Regulamento Geral de Proteção de Dados**. Coimbra: Almedina, 2018, pp. 115-204) e de A. Barreto Menezes Cordeiro (**Direito da proteção de dados**. Coimbra: Almedina, 2020, pp. 158-131) e ainda as do estudo de Manuel David Masseno com Cristiana Teixeira Santos (Assuring Privacy and Data Protection within the Framework of Smart Tourism Destinations. **MediaLaws – Rivista di Diritto dei Media**, Milão, n. 2, pp. 251-266, 2018). aplicar com eficácia os princípios da proteção de dados, tais como a minimização. (Art.o 25.o n.o 1).

técnicas e organizativas adequadas [...] destinadas a aplicar com eficácia os princípios da proteção de dados, tais como a minimização. (Art.o 25.o n.o 1).

O que é depois especificado, dado que :

"O responsável pelo tratamento aplica medidas técnicas e organizativas para assegurar que, por defeito [por omissão], só sejam tratados os dados pessoais que forem necessários para cada finalidade específica do tratamento. Essa obrigação aplica-se à quantidade de dados pessoais recolhidos, à extensão do seu tratamento, ao seu prazo de conservação e à sua acessibilidade. Em especial, essas medidas asseguram que, por defeito, os dados pessoais não sejam disponibilizados sem intervenção humana a um número indeterminado de pessoas singulares [físicas]."(Art.o 25 n.o 2).

O mesmo princípio releva, ainda, a propósito das "regras vinculativas aplicáveis às empresas" nas transferências de dados pessoais para países terceiros ou organizações internacionais (Art.o 47.o n.o 1 alínea d) ou do "tratamento para fins de arquivo de interesse público ou para fins de investigação científica ou histórica ou para fins estatísticos" (Art.o 89.o n.o 1).

Por sua vez, na *LGPD* é enunciado o "princípio da necessidade", consistindo este na "limitação do tratamento ao mínimo necessário para a realização de suas finalidades, com abrangência dos dados pertinentes, proporcionais e não excessivos em relação às finalidades do tratamento de dados" (Art.o 6o, III), tendo também limites temporais, nomeadamente com a "verificação de que a finalidade foi alcançada ou de que os dados deixaram de ser necessários ou pertinentes ao alcance da finalidade específica almejada" (Art.o 15.o, I).

IV A anonimização e a pseudonimização

Antes de tudo o mais e no que concerne ao *RGPD*, é necessário afirmar que a "anonimização", enquanto técnica destinada a garantir a segurança dos dados pessoais, nem sequer é referida no seu articulado. Por isso,

"[...] Os princípios da proteção de dados não deverão, pois, aplicar-se às informações anónimas, ou seja, às informações que não digam respeito a uma pessoa singular identificada ou identificável nem a dados pessoais tornados de tal modo anónimos que o seu titular não seja ou já não possa ser identificado. O presente regulamento não diz, por isso, respeito ao tratamento dessas informações anónimas, inclusive para fins estatísticos ou de investigação." (Considerando 26, *in fine*)

Mais explícito ainda é o Regulamento (UE) 2018/1807, de 14 de novembro de 2018, relativo a um regime para o livre fluxo de dados não pessoais na União Europeia, o qual complementa o *RGPD*. Este, além de distinguir "dados pessoais" de "dados não pessoais" e de restringir a sua aplicação a estes, incluindo as situações em que ambos "estejam indissociavelmente ligados", reitera a imperatividade dos regimes de proteção dos dados pessoais (Art.os 2.o n.o 2 e 3.o 1).

E, mais ainda, deixa em evidência que :

"A internet das coisas, a inteligência artificial e a aprendizagem automática, que estão em expansão, representam grandes fontes de dados não pessoais, por exemplo, em consequência da sua utilização em processos automatizados de produção industrial. "[Concluindo que] Se os progressos tecnológicos permitirem transformar dados anonimizados em dados pessoais, esses dados devem ser tratados como dados pessoais, e o Regulamento (UE) 2016/679 deve ser aplicado em conformidade.[178] [179]

---

[178] Ao que acresce o explicitado pela Comissão Europeia na sua Comunicação, interpretativa, "Orientações sobre o regulamento relativo a um quadro para o livre fluxo de dados não pessoais na União Europeia" (COM(2019) 250 final, de 25 de maio de 2019), com referências específicas e desenvolvidas quanto a esta

Isto, porque a identificação a partir de dados anónimos, ou a re-identificação de dados anonimizados, passaram a ser tecnicamente viáveis, designadamente com base nas analíticas de *Big Data*[180]

---

questão, concluindo que "[...] se determinados dados não pessoais puderem ser associados a uma pessoa de qualquer forma, tornando-os direta ou indiretamente identificáveis, devem ser considerados dados pessoais. [e, do mesmo modo] Aplicam-se as mesmas regras [as relativas ao tratamento de dados pessoais] quando a evolução da tecnologia e da análise de dados torna possível a conversão de dados anonimizados em dados pessoais."

[179] Nesta matéria, é fundamental o Parecer n.o 5/2014, sobre "técnicas de anonimização", de 10 de abril, do GT 29, e, sobre a mesma, começámos por dispor das considerações de Catarina Sarmento e Castro (A jurisprudência do Tribunal de Justiça da União Europeia: o regulamento geral sobre a proteção de dados pessoais e as novas perspetivas para o direito ao esquecimento na Europa. *In:* **Estudos em Homenagem ao Conselheiro Presidente Rui Moura Ramos**. Coimbra: Almedina, 2016, v. I, pp. 1047-1070), sendo que, logo após a publicação do *RGPD*, esta questão foi identificada e analisada por Ana Alves Leal (Aspetos Jurídicos da Análise de Dados na Internet (*Big Data Analytics*) nos Setores Bancário e Financeiro: Proteção de Dados Pessoais e Deveres de Informação. *In:* CORDEIRO, António Menezes, OLIVEIRA, Ana Perestrelo de; DUARTE, Diogo Pereira (Eds.). **FinTech**: Desafios da Tecnologia Financeira. Coimbra: Almedina, 2017, pp. 75-202), a propósito das implicações da *Big Data*, entretanto, a questão foi enfrentada por A. Barreto Menezes Cordeiro (Dados pessoais: conceito, extensão e limites. **Revista de Direito Civil**, Coimbra, v. 3 n. 2, pp. 297-321, 2018), a propósito dos limites da "identificabilidade", retomando-a A. Barreto Menezes Cordeiro (**Direito da proteção de dados**. Coimbra: Almedina, 2020, pp. 126-131), assim como por Augusto César Torbay (A anonimização enquanto mecanismo de proteção de dados pessoais à luz da atual conjuntura legislativa europeia. **Anuário da Proteção de Dados - 2020**, Lisboa, pp. 49-78, 2020); ademais, tem-se o estudo de Manuel David Masseno (Na borda: dados pessoais e não pessoais nos dois Regulamentos da União Europeia. **Cyberlaw by CIJIC - Revista do Centro de Investigação Jurídica do Ciberespaço da Faculdade de Direito da Universidade de Lisboa**, Lisboa, n. 9, 2020) sobre os limites entre ambos os Regulamentos referidos.

[180] Neste mesmo sentido, com uma assertividade crescente, foi-se pronunciando o GT 29, designadamente, no Parecer n.o 7/2003, de 12 de dezembro, sobre a "reutilização de informações do setor público e a proteção dos dados pessoais",

O que nos permite concluir que, na União Europeia, vigora um limite móvel entre os "dados pessoais" e os "dados não pessoais", com uma tendência expansiva dos primeiros, à medida que a tecnologia o permita. O que exige uma atitude de prevenção e de precaução permanentes por parte de quem assume beneficiar do respetivo tratamento, com os inerentes riscos e sem exclusão das respectivas responsabilidades, retomando o antigo brocardo *cuius commoda eius et incommoda*.

Diferentemente do que sucede com a "anonimização", a "pseudonimização" é definida pelo *RGPD*, como

[...] o tratamento de dados pessoais de forma que deixem de poder ser atribuídos a um titular de dados específico sem recorrer a informações suplementares, desde que essas informações suplementares sejam mantidas separadamente e sujeitas a medidas técnicas e organizativas para assegurar que os dados pessoais não possam ser atribuídos a uma pessoa singular identificada ou identificável. (Art.o 4.o 5)

E além de ser fortemente sugerida[181], surge qualificada como

---

no Parecer n.o 6/2013, de 5 de junho, sobre "dados abertos e reutilização de informações do setor público (ISP)", de 5 de junho, e, sobretudo, de um modo muito detalhado, no Parecer sobre as "técnicas de anonimização", antes referido.

[181] 2 Designadamente, no Considerando 26, segundo o qual, "[o]s dados pessoais que tenham sido pseudonimizados, que possam ser atribuídos a uma pessoa singular mediante a utilização de informações suplementares, deverão ser considerados informações sobre uma pessoa singular identificável. Para determinar se uma pessoa singular é identificável, importa considerar todos os meios suscetíveis de ser razoavelmente utilizados, tais como a seleção, quer pelo responsável pelo tratamento quer por outra pessoa, para identificar direta ou indiretamente a pessoa singular. Para determinar se há uma probabilidade razoável de os meios serem utilizados para identificar a pessoa singular, importa considerar todos os fatores objetivos, como os custos e o tempo necessário para a identificação, tendo em conta a tecnologia disponível à data do tratamento dos dados e a evolução tecnológica.", mas também no Considerando 28, "A aplicação da pseudonimização aos dados pessoais pode reduzir os riscos para os

constituindo uma "medida técnica adequada para assegurar um nível de segurança adequado ao risco" (Art.o 32 n.o 1 alínea c). Mais ainda, constitui o "exemplo" de "medidas técnicas adequadas (...) destinadas a aplicar com eficácia os princípios da proteção de dados, tais como a minimização, e a incluir as garantias necessárias no tratamento", no contexto da proteção de dados desde a concepção (Art.o 25.o n.o 1), com a sua especificação a dever constar dos "códigos de conduta" (Art.o 40.o n.o 2 alínea d) ou a ser usada para fins de arquivo de interesse público, ou para fins de investigação científica ou histórica ou para fins estatísticos (Art.o 89.o n.o 1).

Porém, o problema está em a re-identificação dos titulares dos dados pessoais ser ainda mais fácil tecnicamente que com a anonimização, não o só com base nas analíticas de *Big Data*, mas também por outras vias (*v.g.*, por correlações, ou por notícias de jornal, ou por dados de utilização de celulares ou de cartões de crédito ou ainda por reversão de pseudónimos através de "força bruta"), o que é assumido no próprio *RGPD*[182].

---

titulares de dados em questão e ajudar os responsáveis pelo tratamento [controladores] e os seus subcontratantes [operadores] a cumprir as suas obrigações de proteção de dados. A introdução explícita da «pseudonimização» no presente regulamento não se destina a excluir eventuais outras medidas de proteção de dados". A este propósito, são interessantes as considerações recentes de Augusto César Torbay (A anonimização enquanto mecanismo de proteção de dados pessoais à luz da atual conjuntura legislativa europeia. **Anuário da Proteção de Dados - 2020**, Lisboa, pp. 49-78, 2020), embora a sua não distinção clara entre as referências do Considerando à pseudonimização e a anonimização o conduza a conclusões muito diferentes.

[182] Para começar, se é certo que "[a] aplicação da pseudonimização aos dados pessoais pode reduzir os riscos para os titulares de dados em questão e ajudar os responsáveis pelo tratamento [controladores] e os seus subcontratantes [operadores] a cumprir as suas obrigações de proteção de dados." (Considerando 28) e, "A fim de criar incentivos para aplicar a pseudonimização durante o

Daí a preocupação manifesta com os riscos inerentes à "inversão não autorizada da pseudonimização"[183]. O que torna necessária, ou muito aconselhável, uma "pseudonimização forte", incluindo os quase-identificadores, já próxima das técnicas de cifragem, *v.g.*, com uma atribuição aleatória de códigos, desligados dos dados originais, e não reversível com a mesma tecnologia.

Em contraponto, a *LGPD* toma a "anonimização" como uma referência técnica destinada a garantir a segurança do tratamento de dados pessoais[184] e define-a como a "utilização de meios

---

tratamento de dados pessoais, deverá ser possível tomar medidas de pseudonimização, permitindo-se simultaneamente uma análise geral, no âmbito do mesmo responsável pelo tratamento [controlador] quando este tiver tomado as medidas técnicas e organizativas necessárias para assegurar, relativamente ao tratamento em questão, a aplicação do presente regulamento e a conservação em separado das informações adicionais que permitem atribuir os dados pessoais a um titular de dados específico", como explicita o Considerando 29. Aliás, estas mesmas limitações constam do Parecer do GT 29 sobre as "técnicas de anonimização", já referido.

[183] Pois "[o] risco para os direitos e liberdades das pessoas singulares [físicas], cuja probabilidade e gravidade podem ser variáveis, poderá resultar de operações de tratamento de dados pessoais suscetíveis de causar danos físicos, materiais ou imateriais, em especial quando o tratamento possa dar origem à discriminação, à usurpação ou roubo da identidade, a perdas financeiras, prejuízos para a reputação, perdas de confidencialidade de dados pessoais protegidos por sigilo profissional, à inversão não autorizada da pseudonimização, ou a quaisquer outros prejuízos importantes de natureza económica ou social;", Considerando 75, e "[s]e não forem adotadas medidas adequadas e oportunas, a violação de dados pessoais pode causar danos físicos, materiais ou imateriais às pessoas singulares [físicas], como a perda de controlo sobre os seus dados pessoais, a limitação dos seus direitos, a discriminação, o roubo ou usurpação da identidade, perdas financeiras, a inversão não autorizada da pseudonimização, danos para a reputação, a perda de confidencialidade de dados pessoais protegidos por sigilo profissional ou qualquer outra desvantagem económica ou social significativa das pessoas singulares [físicas]", Considerando 85.

[184] O tema foi analisado, quanto à experiência brasileira, por Guilherme Magalhães Martins e José Luiz de Moura Faleiros Júnior (A anonimização de

técnicos razoáveis e disponíveis no momento do tratamento, por meio dos quais um dado perde a possibilidade de associação, direta ou indireta, a um indivíduo" (Art.o 5o, XI).

Depois, é referida a propósito da legitimidade "para a realização de estudos por órgão de pesquisa" (Art.o 7o, IV), mesmo no que se refere ao tratamento de dados sensíveis (Art.o 11.o, II, c), desde que indispensável, assim como "na realização de estudos em saúde pública", neste último caso a par da pseudonimização (Art.o 13.o).

Adicionalmente, também justifica a conservação dos dados anonimizados, "após o término do seu tratamento", desde que "para finalidades [de] de estudo por órgão de pesquisa" (Art.o 16, II).

---

dados pessoais: consequências jurídicas do processo de reversão, a importância da entropia e sua tutela à luz da Lei Geral de Proteção de Dados. *In:* DE LUCCA, Newton; SIMÃO FILHO, Adalberto; LIMA, Cíntia Rosa Pereira de; MACIEL, Renata Mota (Coords.). **Direito & Internet IV**: sistema de proteção de dados pessoais. São Paulo: Quartier Latin, 2019, p. 77): "Analisou-se em maiores minúcias como diversos preceitos que inspiraram a edição desses marcos regulatórios estão conectados à segurança jurídica e à transparência na coleta, no tratamento e na armazenagem de dados pessoais, de modo que a definição de alguns temas adquiriu especial relevância, e é nesse ponto que centro de investigação abordado se insere: com o intuito de retirar dos dados pessoais coletados quaisquer informações que permitam identificar e, evidentemente, expor a pessoa à qual dizem respeito, alguns processos técnicos prometem viabilizar o uso desses dados sem risco de violações, colocando os dados anonimizados noutro polo em relação ao dos dados pessoais. Questionando a confiabilidade de tais mecanismos, destacou-se que a heurística computacional surge como um passo inicial a ser exigido dos operadores de dados, causando reflexos no que diz respeito aos modais de tutela jurídica adequados ao tema, uma vez que a lei brasileira, por exemplo, se limitou a trabalhar com um filtro de razoabilidade que, embora conceituado no corpo do texto normativo, depende muito mais de atualizações constantes à luz das melhores técnicas da matemática e da ciência da computação. Nesse sentido, a prática denominada *entropia* passa a se coadunar com a expectativa não apenas de boas práticas na anonimização de dados para fins de proteção da privacidade, mas também como uma "régua" que conduz à aferição – a partir de parâmetros mais objetivos – do potencial de reversão de um determinado método empregado para anonimizar

Além de poder ser exigida, pelo titular dos dados, ao controlador, "a qualquer momento e mediante requisição", a anonimização dos "dados desnecessários, excessivos ou tratados em desconformidade com o disposto nesta Lei" (Art.o 18.o, IV), ficando ainda excluída a portabilidade dos dados anonimizados (Art.o 18.o, § 7-o).

Porém e, afastando-se do regime europeu, as suas limitações intrínsecas e temporais são assumidas *ab initio* pelo Legislador, por o critério indicado para a qualificação dos "dados anonimizados" ter por referência os "meios técnicos razoáveis e disponíveis na ocasião de seu tratamento" (Art.o 5.o, III), o mesmo valendo para a "anonimização" enquanto processo.

Mas, sendo certo que :

"Os dados anonimizados não serão considerados dados pessoais para os fins desta Lei, salvo quando o processo de anonimização ao qual foram submetidos for revertido, utilizando exclusivamente meios próprios [*i.e.*, não de ou por terceiros], ou quando, com esforços razoáveis, puder ser revertido. § 1o A determinação do que seja razoável deve levar em consideração fatores objetivos, tais como custo e tempo necessários para reverter o processo de anonimização, de acordo com as tecnologias disponíveis, e a utilização exclusiva de meios próprios. "(Art.o 12.o)

O que tem uma especial relevância em termos de responsabilidade civil, pois se "Responde pelos danos decorrentes da violação da segurança dos dados o controlador ou o operador que, ao deixar de adotar as medidas de segurança previstas no art. 46 desta Lei, der causa ao dano" (Art.o 44.o, parágrafo único).

A aplicação dos "meios técnicos razoáveis e disponíveis no momento do tratamento" afastará a correspondente ilicitude (Art.o 43.o, III), não tornando sequer irregular o tratamento desses dados "[...] quando deixar de observar a legislação ou quando não fornecer a segurança que o titular dele pode esperar, consideradas as circunstâncias relevantes, entre as quais [III] as técnicas de tratamento de dados pessoais disponíveis à época em que foi realizado." (Art.o 44.o).

O mesmo vale para as sanções administrativas, sendo critério de apreciação da respetiva conduta "[...] a adoção reiterada e demonstrada de mecanismos e procedimentos internos capazes de minimizar o dano, voltados ao tratamento seguro e adequado de dados, em consonância com o disposto no inciso II do § 2o do art. 48 desta Lei" (Art.o 52.o, § 1.o, VIII).

Em termos substancialmente análogos aos do *RGPD*, a "pseudonimização" é identificada como "[...] o tratamento por meio do qual um dado perde a possibilidade de associação, direta ou indireta, a um indivíduo, senão pelo uso de informação adicional mantida separadamente pelo controlador em ambiente controlado e seguro" (Art.o 13.o § 4.o).

No entanto, a mesma apenas surge a propósito da "realização de estudos em saúde pública, [para os quais] os órgãos de pesquisa poderão ter acesso a bases de dados pessoais", como uma alternativa, menos exigente, à "anonimização" (Art.o 13.o, corpo). Apesar disso, é uma das possíveis "[...] medidas técnicas e administrativas aptas a proteger os dados pessoais de acessos não autorizados e de situações acidentais ou ilícitas de destruição, perda, alteração, comunicação ou difusão" (Art.o 6.o, VII). Ou, mais especificamente, uma das "[...] medidas de segurança, técnicas e administrativas aptas a proteger os dados pessoais de acessos não autorizados e de situações acidentais ou ilícitas de destruição, perda, alteração, comunicação ou qualquer forma de tratamento inadequado ou ilícito" (Art.o 46.o).

Porém, ao não existir uma previsão análoga à "anonimização", no que se relativa à determinação de regras técnicas de segurança pela autoridade nacional (Art.o 12.o, § 3.o), apenas releva o poder genérico de esta dispor "padrões técnicos mínimos", também a este propósito (§ 1.o do Art.o 46.o). Consequentemente, fica mais difícil afastar a ilicitude em caso de incidente de segurança, no que se refere à responsabilidade civil e às sanções administrativas.

V.-A cifragem

Esta é referida quase a medo pelo *RGPD*, o qual não a define, surgindo sempre a par da "pseudonimização", a propósito dos tratamentos que não tenham por base o consentimento dos titulares dos dados (Art.o 7.o n.o 4 alínea e), da segurança no tratamento (Art..o 32.o n.o 1 alínea a) e, sobretudo, da isenção de responsabilidades no caso de ocorrerem incidentes de segurança (Art.o 34.o n.o 3 alínea a), sempre que :

"O responsável pelo tratamento [controlador] tiver aplicado medidas de proteção adequadas, tanto técnicas como organizativas, e essas medidas tiverem sido aplicadas aos dados pessoais afetados pela violação de dados pessoais, especialmente medidas que tornem os dados pessoais incompreensíveis para qualquer pessoa não autorizada a aceder a esses dados, tais como a cifragem."

Não obstante, deve-se ter presente que a "cifragem dos dados pessoais", só por si, não baste (Art.o 32.o n.o 1 alínea a), por a mesma apenas poder garantir a confidencialidade dos dados, não as respectivas integridade e disponibilidade[185]. O que em especial a aconselha perante "grandes riscos", designadamente perante o tratamento de "categorias especiais de dados pessoais" [dados sensíveis] (Art.o 9.o), na sequência de avaliações de impacto (Art.o 35.o). Ainda assim, a cifragem, e mesmo uma cifragem "forte", sem acesso por quaisquer terceiros, inclusive com

---

[185] Daí, o caráter cumulativo das medidas de segurança (Art.o 32.o n.o 1), ou seja, "A capacidade de assegurar [não só] a confidencialidade, [mas também a] integridade, disponibilidade e resiliência permanentes dos sistemas e dos serviços de tratamento" (b), "A capacidade de restabelecer a disponibilidade e o acesso aos dados pessoais de forma atempada no caso de um incidente físico ou técnico" (c) e ainda "Um processo para testar, apreciar e avaliar regularmente a eficácia das medidas técnicas e organizativas para garantir a segurança do tratamento." (d).

autorização judicial, tem vindo a ser proposta ou defendida institucionalmente na União Europeia ainda que no plano da *Soft Law*.

Já na *LGPD*, a despeito dos alertas da doutrina[186], a cifragem não é, sequer, mencionada, embora esteja implícita quando refere que "[n]o juízo de gravidade do incidente, será avaliada eventual comprovação de que foram adotadas medidas técnicas adequadas que tornem os dados pessoais afetados ininteligíveis, no âmbito e nos limites técnicos de seus serviços, para terceiros não autorizados a acessá-los. (Art.o 48.o, § 3.o)."

Pelo que estará só entre as "[...] medidas de segurança, técnicas e administrativas aptas a proteger os dados pessoais de acessos não autorizados e de situações acidentais ou ilícitas de destruição, perda, alteração, comunicação ou qualquer forma de tratamento inadequado ou ilícito. (Art.o 46.o)"

Embora, tal como no *RGPD*, também não baste, só por si, para afastar a responsabilidade civil ou sanções administrativas, pois pode não ser viável reverter ou mitigar os efeitos do incidente de segurança (Art.o 48.o, § 1.o, VI, e § 2.o, II), por sua natureza, a cifragem é a técnica mais pertinente para prevenir danos maiores, tal como se verifica no *RGPD*.

---

[186] Recomenda-se a leitura dos trabalhos de Fabiano Menke (A criptografia e a Infraestrutura de Chaves Públicas Brasileira (ICP-Brasil). *In:* DONEDA, Danilo; MACHADO, Diego (Coord.). **A criptografia no direito brasileiro**. São Paulo: Thomson Reuters Brasil, 2019, p. 123-136) e do estudo realizado por Diego Machado em coautoria com Danilo Doneda (Proteção de dados pessoais e criptografia: tecnologias criptográficas entre anonimização e pseudonimização de dados. *In:* DONEDA, Danilo; MACHADO, Diego (Coords.). **A criptografia no direito brasileiro**. São Paulo: Thomson Reuters Brasil, 2019, pp. 137-164).

Conclusão

Inegavelmente, diversas coincidências podem levar o intérprete a visualizar a *LGPD* brasileira como substrato inspirado na experiência europeia e, particularmente, no *RGPD*. Entretanto, quando se perquire as minúcias das duas legislações, observa-se que ainda há lacunas e, especialmente no que concerne à segurança da informação para o tratamento de dados pessoais, alguns temas revelam a necessidade de aprimoramentos.

Como se viu, para além de definir os objetos de incidência de seus ditames (os dados pessoais), a *LGPD* os distinguiu dos dados anonimizados, em conceituação que não levou em consideração, com a clareza esperada, a diferença entre "anonimização" e "pseudonimização", da qual poderia se beneficiar para produzir melhores conclusões, a nível de responsabilidade civil, quando apresenta causa excludente do nexo de causalidade (Art.o 43.o, II) representativa da nebulosa e ainda incerta "razoabilidade" quanto à implementação de mecanismos de segurança (Art.os. 12.o, § 1.o, 44.o, I a III, 46.o e 50.o).

Ponto confuso é, outrossim, a questão da cifragem de dados, que poderia ter sido devidamente conceituada na lei para, em conjugação com a leitura que se faz do conceito de "dado anonimizado" e para os fins da delimitação dos parâmetros de segurança da informação adequados à aferição dos esforços suficientes para a mitigação ou eliminação do nexo causal, permitir o adequado reforço à segurança jurídica que a lei pretensamente explicita.

Enfim, se ainda há muitas controvérsias quanto à futura efetividade da *LGPD*, é certo que a experiência europeia – e, neste particular, a doutrina portuguesa tem apresentado forte repositório doutrinário para a ampla compreensão do tema – atenderá aos propósitos que são inerentes ao estudo comparado. Mais do que nunca, o intercâmbio de experiências trará ao Brasil imprescindível reforço dogmático rumo à concretização do *telos* essencial da segurança de dados, especialmente frente aos acinzentados meandros em que sua aplicação se faz necessária.

Referências Bibliográficas

ABREU, Carlos Pinto de (2018). Breves notas sobre segurança da informação, acesso a dados e privacidade. **C&R - Revista de Regulação e Concorrência**, Lisboa, n. 35, pp. 49-78, 2018. Disponível em: http://www.concorrencia.pt/vPT/Estudos_e_Publicacoes/Revista_CR/Documents/Revista_ReC_3 5.pdf. Acesso em: 29 de agosto de 2020.

ATAÍDE, Rui P. Coutinho de Mascarenhas (2016). Direito ao esquecimento. **Cyberlaw by CIJIC**, Lisboa, n. 6. Disponível em: https://www.cijic.org/wp-content/uploads/2019/05/Rui-Ata%C3%ADde_Direito-esquecimento.pdf. Acesso em: 29 de agosto de 2020.

BARBOSA, Mafalda Miranda. (2017) Protecção de Dados e Direitos de Personalidade: Uma Relação de Interioridade Constitutiva. Os Benefícios da Protecção e a Responsabilidade Civil. **Estudos de Direito do Consumidor**, Coimbra, n. 12, pp. 75-131. Disponível em: https://www.fd.uc.pt/cdc/pdfs/rev_12_completo.pdf. Acesso em: 29 de agosto de 2020.

BARBOSA, Mafalda Miranda. (2018) *Data controllers* e *data processors*: da responsabilidade pelo tratamento de dados à responsabilidade civil. **Revista de Direito Comercial**, Lisboa, n. 2, pp. 424-494. Disponível em: https://www.revistadedireitocomercial.com/data-controllers-e-data-processors. Acesso em: 29 de agosto de 2020.

BOTELHO, Catarina Santos. (2017) Novo Ou Velho Direito? – o direito ao esquecimento e o princípio da proporcionalidade no constitucionalismo global. **Ab Instantia**, Coimbra, n. 7, pp. 49-71. Disponível em: https://papers.ssrn.com/sol3/papers.cfm?abstract_id=3130258.

Acesso em: 29 de agosto de 2020.

CALVÃO, Filipa Urbano. (2015).. A protecção de dados pessoais na internet: desenvolvimentos recentes. **Revista de Direito Intelectual**, Coimbra, n. 2, pp. 67-84.

CARRAPIÇO, Helena; BARRINHA,(2018). André. European Union cyber security as an emerging research and policy field. **European Politics and Society**, Londres, v. 19, n. 3, pp. 299-303.

CASIMIRO, Sofia Vasconcelos..(2014) O direito a ser esquecido pelos motores de busca: o Acórdão Costeja. **Revista de Direito Intelectual**, Coimbra, n. 2, pp. 307-353.

CASTRO, Catarina Sarmento e (2016). A jurisprudência do Tribunal de Justiça da União Europeia: o regulamento geral sobre a proteção de dados pessoais e as novas perspetivas para o direito ao esquecimento na Europa. *In:* **Estudos em Homenagem ao Conselheiro Presidente Rui Moura Ramos**. Coimbra: Almedina, , v. I, pp. 1047-1070.

CASTRO, Catarina Sarmento e (2013). Comentário ao artigo 8o. *In:* SILVEIRA, Alessandra; CANOTILHO, Mariana (Eds.). **Carta dos Direitos Fundamentais da União Europeia Comentada**. Coimbra: Almedina,, pp. 120-128.

CASTRO, Catarina Sarmento e (2005). **Direito da informática, privacidade e dados pessoais**. Coimbra, Almedina.

COELHO, Cristina Pimenta. (2018) Artigo 82.o - Direito de indemnização e responsabilidade. *In:* PINHEIRO, Alexandre Sousa (Ed.). **Comentário ao Regulamento Geral de Proteção de Dados**. Coimbra: Almedina, pp. 633-637.

COELHO, Cristina Pimenta. (2018).Artigo 83.o - Condições gerais para a aplicação de coimas. *In:* PINHEIRO, Alexandre Sousa (Ed.). **Comentário ao Regulamento Geral de Proteção de Dados**. Coimbra: Almedina, pp. 637-647.

CORDEIRO, A. Barreto Menezes.(2018) Dados pessoais: conceito, extensão e limites. **Revista de Direito Civil**, Coimbra, v. 3 n. 2, pp. 297-321

CORDEIRO, A. Barreto Menezes.(2020). **Direito da proteção de dados**. Coimbra: Almedina COSTA, Tiago Branco da. A responsabilidade civil decorrente da violação do Regulamento Geral sobre a Proteção de Dados. *In:* SILVEIRA, Alessandra; ABREU, Joana R. S. Covelo; COELHO, Rev. do Cejur: Prestação Jurisdicional, Florianópolis | v.8 n.1| e346| 1-28 | jan./dez. 2020. 23

LARISSA (Eds.). **UNIO Ebook Interop (2019)**: O Mercado Único Digital da União Europeia como desígnio político: a interoperabilidade como o caminho a seguir. Braga: Pensamento Sábio - Associação para o conhecimento e inovação / Universidade do Minho - Escola de Direito, pp. 68- 77, 2019. Disponível em: http://repositorium.sdum.uminho.pt/bitstream/1822/61446/3/UNIO _EBOOK_INTEROP_2019.pd f . Acesso em: 29 de agosto de 2020.

CRAVO, Daniela Copetti.(2020). Portabilidade de dados no poder público? **Jota**, 15 ago. 2020. Disponível em: https://www.jota.info/opiniao-e-analise/artigos/portabilidade-de-dados-no-poder- publico-15082020. Acesso em: 29 de agosto de 2020.

DONEDA, Danilo. **Da privacidade à proteção de dados pessoais**. Rio de Janeiro: Renovar, 2006.

FALEIROS JÚNIOR, José Luiz de Moura. **Administração Pública digital**: proposições para o aperfeiçoamento do Regime Jurídico Administrativo na sociedade da informação. Indaiatuba: Foco, 2020.

FREITAS, Pedro Miguel. The General Data Protection Regulation: an overview of the penalties' provisions from a Portuguese standpoint. **UNIO - EU Law Review**, Braga, v. 4, n. 2, pp. 99-104,

2018. Disponível em: https://revistas.uminho.pt/index.php/unio/article/view/24/56. Acesso em: 29 de agosto de 2020.

GALANTE, Maria de Fátima. A Internet e o Direito ao Esquecimento: Análise jurisprudencial. **Data Venia - Revista Jurídica Digital**, [S.l.], n. 9, pp. 223-250, 2018. http://datavenia.pt/ficheiros/edicao09/datavenia09_p223_250.pdf. Acesso em: 29 de agosto de 2020.

GALVÃO, Luís Neto. Comentário ao artigo 16.o do TFUE. *In:* PORTO, Manuel Lopes; ANASTÁCIO, Gonçalo (Eds.). **Tratado de Lisboa Anotado e Comentado**. Coimbra: Almedina, 2012, pp. 252-256.

GOMES, Francisca Cardoso Resende. O conteúdo do direito fundamental à proteção de dados à luz do novo Regulamento Geral de Proteção de Dados: em especial, a problemática do controlo das decisões automatizadas. **Anuário da Proteção de Dados - 2020**, Lisboa, pp. 105-119, 2020. Disponível em: http://cedis.fd.unl.pt/wp-content/uploads/2020/07/ANUARIO-2020-Eletronico- compressed.pdf. Acesso em: 29 de agosto de 2020.

GONÇALVES, Maria Eduarda. (2003). **Direito da Informação**: novos direitos e formas de regulação na sociedade da informação. 2. ed. Coimbra: Almedina.

GONÇALVES, Maria Eduarda. 2016). The EU Data Protection Reform and the Challenges of Big Data: tensions in the relations between technology and the law. *In:* NETO, Luísa; RIBEIRO, Fernanda (Eds.). **IV Colóquio Luso-Brasileiro Direito e Informação - Atas**. Porto: Faculdade de Letras da Universidade do Porto, pp. 46-63. Disponível em: https://view.joomag.com/direito-e- informa%c3%a7%c3%a3o-na-sociedade-em-rede-atas-direito-e-informa%c3%a7%c3%a3o-na-sociedade-em-rede-atas/0242499001470686892. Acesso em: 29 de agosto de 2020.

HANOFF, Roberta Volpato; NIELSEN, Thiago Henrique. A Lei Geral de Proteção de Dados Pessoais na administração pública brasileira: é possível implementar governança de dados antes de se implementar a governança em gestão? *In:* DAL POZZO, Augusto Neves; MARTINS,

MARCONDES, Ricardo (Coords.). (2020) **LGPD & Administração Pública**: uma análise ampla dos impactos. São Paulo: Thomson Reuters Brasil pp. 391-406.

KLEE, Antonia Espíndola Longoni; MARTINS, Guilherme Magalhães. (2015).A privacidade, a proteção dos dados e dos registros pessoais e a liberdade de expressão: algumas reflexões sobre o Marco Civil da Internet no Brasil (Lei no 12.965/2014). *In:* DE LUCCA, Newton; SIMÃO FILHO, Adalberto; LIMA, Cíntia Rosa Pereira de (Coords.). **Direito & Internet III**: Marco Civil da Internet (Lei no 12.965/2014). São Paulo: Quartier Latin, 2015, t. I, pp. 291-368

LEAL, Ana Alves.. (2017). Aspectos Jurídicos da Análise de Dados na Internet (*Big Data Analytics*) nos Setores Bancário e Financeiro: Proteção de Dados Pessoais e Deveres de Informação. *In:* CORDEIRO, António Menezes, OLIVEIRA, Ana Perestrelo de; DUARTE, Diogo Pereira (Eds.). **FinTech**: Desafios da Tecnologia Financeira. Coimbra: Almedina, pp. 75-202.

LONGHI, João Victor Rozatti. (2020) Marco Civil da Internet no Brasil: breves considerações sobre seus fundamentos, princípios e análise crítica do regime de responsabilidade civil dos provedores. *In:* MARTINS, Guilherme Magalhães; LONGHI, João Victor Rozatti (Coords.). **Direito digital**: direito privado e internet. 3. ed. Indaiatuba: Foco, pp. 115-144.

LOPES, Teresa Vale. (2018). Responsabilidade e governação das empresas no âmbito do novo Regulamento sobre a Proteção de Dados. **Anuário da Proteção de Dados - 2018**, Lisboa, pp. 45- 69, Disponível em: http://cedis.fd.unl.pt/wp-content/uploads/2018/04/ANUARIO-2018- Eletronico.pdf. Acesso em: 29 de agosto de 2020.

MACHADO, Diego; DONEDA, Danilo. (2019). Proteção de dados pessoais e criptografia: tecnologias criptográficas entre anonimização e pseudonimização de dados. *In:* DONEDA, Danilo; MACHADO, Diego (Coords.). **A criptografia no direito brasileiro**. São Paulo: Thomson Reuters Brasil, pp. 137-164.

MARQUES, João. (2016) Direito ao Esquecimento – A Aplicação do Acórdão Google pela CNPD. **Fórum de Proteção de Dados**, Lisboa, n. 3, pp. 44-55. Disponível em: https://www.cnpd.pt/bin/revistaforum/forum2016_3/files/assets/basic-html/page-48.html. Acesso em: 29 de agosto de 2020.

MARTINS, Guilherme Magalhães; FALEIROS JÚNIOR, José Luiz de Moura. (2019).A anonimização de dados pessoais: consequências jurídicas do processo de reversão, a importância da entropia e sua tutela à luz da Lei Geral de Proteção de Dados. *In:* DE LUCCA, Newton; SIMÃO FILHO, Adalberto; LIMA, Cíntia Rosa Pereira de; MACIEL, Renata Mota (Coords.). **Direito & Internet IV**: sistema de proteção de dados pessoais. São Paulo: Quartier Latin, , pp. 51-80.

MARTINS, Guilherme Magalhães; FALEIROS JÚNIOR, José Luiz de Moura. 2020). Compliance digital e responsabilidade civil na Lei Geral de Proteção de Dados. *In:* MARTINS, Guilherme Magalhães; ROSENVALD, Nelson (Coords.). **Responsabilidade civil e novas tecnologias**. Indaiatuba: Foco, pp. 263-297.

MARTINS, Guilherme Magalhães; FALEIROS JÚNIOR, José Luiz de Moura. (2020). Segurança, boas práticas, governança e compliance. *In:* LIMA, Cíntia Rosa Pereira de (Coord.). **Comentários à Lei Geral de Proteção de Dados**: Lei n. 13.709/2018, com alteração da Lei n. 13.853/2019. São Paulo: Almedina,, pp. 349-372.

MARTINS, Guilherme Magalhães; LONGHI, João Victor Rozatti; FALEIROS JÚNIOR, José Luiz de Moura. (2019). Porta lógica, IP e os registros de acesso a aplicações da Internet: Uma leitura ampliativa do art. 5o, VIII do Marco Civil da Internet. **Jota**, 26 dez. 2019. Disponível em: https://www.jota.info/opiniao-e-analise/artigos/porta-logica-ip-e-os-registros-de-acesso-a-aplicacoes-da-internet-26122019. Acesso em: 29 de agosto de 2020.

MARTINS, José C. Lourenço. (2020). Método de Design, Implementação e Operação de um Sistema de Gestão de Segurança da Informação (V1.0). **Proelium – Revista Científica da Academia Militar**, Lisboa, A. VIII, n. 4, 2019. Disponível em: https://www.academia.edu/40439061/M%C3%A9todo_de_Design_Implementa%C3%A7%C3%A3o_e_Opera%C3%A7%C3%A3o_de_um_Sistema_de_Gest%C3%A3o_de_Seguran%C3%A7a_da_Informa%C3%A7%C3%A3o_V1_0_. Acesso em: 29 de agosto de 2020.

MARTINS, José C. Lourenço [*et al.*].. (2018). Modelo Integrado de Atividades para a Gestão da Segurança da Informação, Cibersegurança e Proteção de Dados Pessoais. **Cyberlaw by CIJIC - Revista do Centro de Investigação Jurídica do Ciberespaço da Faculdade de Direito da Universidade de Lisboa**, Lisboa, n. 5, 2018. Disponível em: https://www.cijic.org/wp-content/uploads/2018/03/MODELO-INTEGRADO-DE-ATIVIDADES-PARA-A- GEST%C3%83O-DE-SEGURANCA-DA-INFORMACAO-CIBERSEGURANCA-E- PROTECCAO-DE-DADOS.pdf. Acesso em: 29 de agosto de 2020.

MASSENO, Manuel David. (2016).On the relevance of big data for the formation of contracts regarding package tours or linked travel arrangements, according to the new package travel directive. **Comparazione e Diritto Civile**, Salerno, n. 4, pp. 2-13, 2016. Disponível em: http://www.comparazionedirittocivile.it/download/volumi/201604.pdf. Acesso em: 29 de agosto de 2020.

MASSENO, Manuel David. (2020).Como a União Europeia procura proteger os cidadãos-consumidores em tempos de *Big Data*. **Revista Eletrônica do Curso de Direito da UFSM**, Santa Maria, v. 14, n. 3, pp. 1-27, 2019. Disponível em: https://periodicos.ufsm.br/revistadireito/article/view/41708. Acesso em: 29 de agosto de 2020.

MASSENO, Manuel David. Na borda: dados pessoais e não pessoais nos dois Regulamentos da União Europeia. **Cyberlaw by CIJIC - Revista do Centro de Investigação Jurídica do Ciberespaço da Faculdade de Direito da Universidade de Lisboa**, Lisboa, n. 9, 2020. Disponível em: https://www.cijic.org/wp-content/uploads/2020/04/II_Na-Borda_Dados-Pessoais- e-nao-Pessoais-nos-2-regulamentos-da-UE_MDMasseno.pdf. Acesso em: 29 de agosto de 2020.

MASSENO, Manuel David; SANTOS, Cristiana Teixeira. (2018).Assuring Privacy and Data Protection within the Framework of Smart Tourism Destinations. **MediaLaws – Rivista di Diritto dei Media**, Milão, n. 2, pp. 251-266, 2018. Disponível em: http://www.medialaws.eu/rivista/assuring- privacy-and-data-protection-within-the-framework-of-smart-tourism-destinations/. Acesso em: 29 de agosto de 2020.

MASSENO, Manuel David; SANTOS, Cristiana Teixeira. 2019).Personalization and Profiling of Tourists in Smart Tourism Destinations – a Data Protection perspective. **Revista Argumentum**, Marília, v. 20 n. 3, pp. 1215-1240, 2019. Disponível em: http://ojs.unimar.br/index.php/revistaargumentum/article/view/1243. Acesso em 29 de agosto de 2020.

MENDES, Laura Schertel. (2014). **Privacidade, proteção de dados e defesa do consumidor**: linhas gerais de um novo direito fundamental. São Paulo: Saraiva, 2014.

MENDES, Laura Schertel; DONEDA, Danilo. (2018) .Reflexões iniciais sobre a nova Lei Geral de Proteção de Dados. **Revista de Direito do Consumidor**, São Paulo: Revista dos Tribunais, v. 120, p. 468-486, nov./dez. 2018.

MENKE, Fabiano. (2019).A criptografia e a Infraestrutura de Chaves Públicas Brasileira (ICP-Brasil). *In:* DONEDA, Danilo; MACHADO, Diego (Coord.). **A criptografia no direito brasileiro**. São Paulo: Thomson Reuters Brasil, 2019, p. 123-136.

MIRAGEM, Bruno.(2019). A Lei Geral de Proteção de Dados (Lei 13.709/2018) e o direito do consumidor. **Revista dos Tribunais**, São Paulo, v. 1009, p. 173-222, nov. 2019.

MOTA, Joana. (2019).Proteção de dados desde a conceção e por defeito. Avaliação de impacto e segurança. *In:* CORDEIRO, António Menezes; OLIVEIRA, Ana Perestrelo de; DUARTE, Diogo Pereira (Eds.). **FinTech II**: Novos Estudos sobre Tecnologia Financeira. Coimbra: Almedina, 2019, pp. 129-146.

MOUTINHO, José Lobo. (2017). Legislador português precisa-se. Algumas notas sobre o regime sancionatório no Regulamento Geral sobre Protecção de Dados (Regulamento (UE) 2016/679). **Fórum de proteção de dados**. Lisboa, n. 4, pp. 40-57, 2017. Disponível em: https://www.cnpd.pt/bin/revistaforum/forum2017_1/files/assets/basic-html/page-40.html. Acesso em: 29 de agosto de 2020.

MOUTINHO, José Lobo; RAMALHO, David Silva. (2015). Notas sobre o regime sancionatório da proposta de regulamento geral sobre a protecção de dados do Parlamento Europeu e do Conselho. **Fórum de proteção de dados**. Lisboa, n. 1, pp. 18-33, 2015. Disponível em: https://www.cnpd.pt/bin/revistaforum/forum2015_1/files/assets/basic-html/page-20.html. Acesso em: 29 de agosto de 2020.

NORI, Fabio. (2015). A guarda dos registros de conexão e dos registros de acesso às aplicações no Marco Civil. *In:* DE LUCCA,

Newton; SIMÃO FILHO, Adalberto; LIMA, Cíntia Rosa Pereira de (Coords.). **Direito & Internet III**: Marco Civil da Internet (Lei no 12.965/2014). São Paulo: Quartier Latin, 2015, t. II, pp. 169-190.

PEREIRA, Alexandre L. Dias. (2018). A Proteção de Dados Pessoais e o Direito à Segurança Informática no Comércio Eletrónico. **Banca, Bolsa e Seguros**, Coimbra, n.o 3, pp. 303-329, 2018. Disponível em: https://www.fd.uc.pt/bbs/wp-content/uploads/2019/01/bbs3_final_2p.pdf. Acesso em: 29 de agosto de 2020.

PEREIRA, Bruno; ORVALHO, João. (2019). Avaliação de Impacto sobre a Protecção de Dados. **Cyberlaw by CIJIC - Revista do Centro de Investigação Jurídica do Ciberespaço da Faculdade de Direito da Universidade de Lisboa**. Lisboa, n. 7, 2019. Disponível em: https://www.cijic.org/wp-content/uploads/2019/05/Bruno-Pereira-e-Joao-Orvalho_RGPD_Avalia%C3%A7%C3%A3o-de-Impacto-sobre-a-Prote%C3%A7%C3%A3o-de- Dados.pdf. Acesso em: 29 de agosto de 2020.

PICA, Luís. (2018) .As Avaliações de Impacto, o Encarregado de Dados Pessoais e a Certificação no Novo Regulamento Europeu de Proteção de Dados Pessoais. **Cyberlaw by CIJIC - Revista do Centro de Investigação Jurídica do Ciberespaço da Faculdade de Direito da Universidade de Lisboa**, Lisboa, n. 5, 2018. Disponível em: https://www.cijic.org/wp-content/uploads/2018/03/3_AS-AVALIA%C3%87%C3%95ES-DE-IMPACTO-O- ENCARREGADO-DE-DADOS-PESSOAIS-E-A-CERTIFICA%C3%87%C3%83O-NO-NOVO-REGULAMENTO-EUROPEU-DE-PROTE%C3%87%C3%83O-DE-DADOS-PESSOAIS.pdf. Acesso em: 29 de agosto de 2020.

PINHEIRO, Alexandre Sousa. (2015). **Privacy e protecção de dados pessoais**: a construção dogmática do direito à identidade informacional. Lisboa: AAFD.

PINHEIRO, Alexandre Sousa. (2018). Apresentação do Regulamento (UE) 216/679 do Parlamento Europeu e do Conselho, de 27 de abril de 2016 – Regulamento Geral de Proteção de Dados (RGPD). **Revista do Centro de Estudos Judiciários**, Lisboa, n. 1 pp. 303-327.

PINHEIRO, Alexandre Sousa.(2018). Artigo 4.o - Definições. *In:* PINHEIRO, Alexandre Sousa (Ed.). **Comentário ao Regulamento Geral de Proteção de Dados**. Coimbra: Almedina, pp. 115- 204.

PINHEIRO, Alexandre Sousa; GONÇALVES, Carlos Jorge. (2018).Artigo 22.o - Decisões automatizadas, incluindo definição de perfis. *In:* PINHEIRO, Alexandre Sousa (Ed.). **Comentário ao Regulamento Geral de Proteção de Dados**. Coimbra: Almedina, pp. 386- 390.

PINHEIRO, Alexandre Sousa; GONÇALVES, Carlos Jorge. (2018). Artigo 45.o - Transferências com base numa decisão de adequação. *In:* PINHEIRO, Alexandre Sousa (Ed.). **Comentário ao Regulamento Geral de Proteção de Dados.** Coimbra: Almedina, pp. 504-512.

SAIAS, Marco Alexandre. (2017). Reforço da responsabilização dos responsáveis pelo tratamento de dados. **Revista Luso-Brasileira de Direito do Consumo**, Curitiba, n. 27, pp. 72-90, 2.

SANTOS, Luísa A. Inácio Varandas dos; MARQUES, Mário R. Monteiro. (2019). Gestão de Risco Aplicada à Segurança da Informação. **Cyberlaw by CIJIC – Revista do Centro de Investigação Jurídica do Ciberespaço da Faculdade de Direito da Universidade de Lisboa.** Lisboa, n. 7, 2019. Disponível em: https://www.cijic.org/wp-content/uploads/2019/05/Luisa-Santos-e-Mario- Marques_GEST%C3%83O-DE-RISCO-APLICADA-%C3%80-SEGURAN%C3%87A-DA-INFORMA%C3%87%C3%83O.pdf. Acesso em: 29 de agosto de 2020.

SILVEIRA, Alessandra; MARQUES, João. (2016). Do direito a estar só ao direito ao esquecimento. Considerações sobre a proteção de dados pessoais informatizados no Direito da União Europeia: sentido, evolução e reforma legislativa. **Revista da Faculdade de Direito da UFPR**. Curitiba, v. 61, n. 3, pp. 91-118, 2016. Disponível em: https://revistas.ufpr.br/direito/article/view/48085/29828. Acesso em: 29 de agosto de 2020.

TORBAY, Augusto César. (2020). A anonimização enquanto mecanismo de proteção de dados pessoais à luz da atual conjuntura legislativa europeia. **Anuário da Proteção de Dados - 2020**, Lisboa, pp. 49-78. Disponível em: http://cedis.fd.unl.pt/wp-content/uploads/2020/07/ANUARIO-2020- Eletronico-compressed.pdf. Acesso em: 29 de agosto de 2020.

TRINDADE, Beatriz Santiago. (2020) .Two years in: Does the GDPR already need updates? A question brought by algorithmic decision-making. **Anuário da Proteção de Dados - 2020**, Lisboa, pp. 79- 103, 2020. Disponível em: http://cedis.fd.unl.pt/wp-content/uploads/2020/07/ANUARIO-2020- Eletronico-compressed.pdf. Acesso em: 29 de agosto de 2020.

Fecha de edición: 4 diciembre 2020
Editorial: Amazon Books /KDP
Copyright © Teresa Da Cunha Lopes y
Maria Luisa Saénz Gallegos 2020
Todos Derechos Reservados
ISBN: 9781795871655

www.ingramcontent.com/pod-product-compliance
Lightning Source LLC
Chambersburg PA
CBHW021410210526
45463CB00001B/299